中国井冈山干部学院科研基金项目（编号：07gqyj01）研究成果

论建设社会主义新农村

黄国勤　著

中国农业出版社

前　　言

2005年10月，党的十六届五中全会通过的《中共中央关于制定国民经济和社会发展第十一个五年规划的建议》中提出了“建设社会主义新农村”的重大战略任务，指出“建设社会主义新农村是我国现代化进程中的重大历史任务”，要求全国各地按照“生产发展、生活宽裕、乡风文明、村容整洁、管理民主”的要求，坚持从各地实际出发，尊重农民意愿，扎实稳步推进新农村建设。按照党中央、国务院的战略部署，近年来，全国人民正在积极投身到建设社会主义新农村这一伟大事业中去，并已取得了显著进展和成效。

作者自幼出生在农村、生长在农村，对“农村”怀有深厚感情。1980年考入江西农业大学农学专业，更是与“农”（农业、农村、农民）结下了不解之缘。自大学毕业至今，无论是学习、出国进修，还是从事教学、科研实际工作，或是指导研究生，都一直把“农”作为主攻目标和研究方向，从事作物栽培学与耕作学、农业发展与区域农业等方面的教学和科研工作，尤其是近几年来，响应党中央“建设社会主义新农村”的号召，进一步拓展了新农村建设理论与实践方面的科学研究工作。

本书是作者近年来在从事“建设社会主义新农村理论与实践”教学和科研方面所做的一些具体工作的反映与小结，是完成中国井冈山干部学院科研基金项目“中部地区建设社会主义新农村面临的问题及对策研究”（项目编号：07gqyj01）及其他相关科研项目时撰写的论文和研究报告。全书共收集相关研究文章25篇，多数是作者独立撰写的，部分是合作完成的（合作者已在书中作了标注）。大部分论文已在《社科研究》、《科学中国人》、《中国农学通报》、《中国井冈山干部学院学报》、《现代农业科技》、《江西农业大学学报》等学术刊物上发表过，或者在全国有关学术会议上交流过，有的论文还被评为优秀论文。

全书分上篇和下篇。上篇，收集了建设社会主义新农村的“理论探索”文章14篇，主要对建设社会主义新农村的若干理论问题进行了探索，包括用“三个代表”重要思想指导社会主义新农村建设，保持共产党员先进性与建设社会主义新农村，社会主义新农村建设的特征、主要内容、指导原则、配套措施等，社会主义新农村建设中的农民素质与人才培养问题，农村资源、生态、环境与社会主义新农村建设，农村信息化与社会主义新农村建设，新型农村合作医疗制度与社会主义新农村建设等；下篇，收集了建设社会主义新农村的“实践分析”文章11篇，着重对我国中部地区（主要是以江西省为例）建设社会主义新农村的生产实践进行了有针对性的调查、分析和总结，包括建设社会主义新农村已取得的进展与成效、推广的模式与技术、面临的问题与挑战、应采取的对策与措施等。该书力求做到理论性、实践性、针对性和可操作性的统一。

本书得以顺利完成和出版，应特别感谢中国井冈山干部学院李小三常务副院长、张泰城副院长、周金堂副院长、张友南副院长，江西农业大学王树林书记、石庆华校长、毛学东副书记、潘晓华副校长等诸位领导的大力支持与帮助；感谢江西农业大学农学院刘隆旺教授、曾庆太教授、王林如教授的关心与支持。

作者感谢所有合作者及曾经给予作者指导、支持、关心和帮助的领导、专家、同事和朋友们！

因时间仓促，书中定有很多错误和不足，敬请同志们批评指正！

黄国勤
2007年7月28日
于中国井冈山干部学院

目　　录

上篇　理论探索

用“三个代表”重要思想指导社会主义新农村建设*

摘　要： 作者结合社会主义新农村建设的实践谈了学习《江泽民文选》的几点体会，主要内容包括：①《江泽民文选》的出版发行，具有重大的现实意义和历史意义；②学习《江泽民文选》，就是要深入学习“三个代表”重要思想；③用“三个代表”重要思想指导我国当前的社会主义新农村建设。全文对当前及今后全国各地建设社会主义新农村的具体实践具有重要参考价值。

关键词：《江泽民文选》；“三个代表”重要思想；社会主义新农村建设

2006 年 8 月 10 日，《江泽民文选》在全国出版发行了，这是党和国家政治生活中的一件大事，也是马克思主义中国化发展过程中的一件大事。按照中共中央关于学习《江泽民文选》的决定，全国各地掀起了学习《江泽民文选》的热潮。

1 《江泽民文选》的出版发行，具有重大的现实意义和历史意义

《江泽民文选》收入了江泽民同志在 1980 年 8 月至 2004 年 9 月这段时间内具有代表性和独创性的重要著作 203 篇，内容涉

---

* 本文原载《现代农业科技》2007 年第 3 期第 134～135 页（转第 137 页）。

及经济、政治、文化、外交、国防等方方面面，生动记录了以江泽民同志为核心的党的第三代中央领导集体带领全党全国各族人民把中国特色社会主义事业推向前进的历史进程；科学总结了我们党领导人民战胜各种艰难险阻、全面开创中国特色社会主义事业新局面的宝贵经验；集中反映了“三个代表”重要思想的孕育、形成和发展过程。《江泽民文选》是继《毛泽东选集》、《邓小平文选》之后，又一部马克思主义基本原理同当代中国实践和时代特征相结合的新的重大理论成果。

显然，《江泽民文选》的出版发行，对指导当前及今后我国的改革开放事业、指导中国特色社会主义现代化建设和党的先进性建设等均具有重要的现实意义和长远的历史意义。

2 学习《江泽民文选》，就是要深入学习“三个代表”重要思想

《江泽民文选》最核心的科学思想体系就是“三个代表”重要思想。《江泽民文选》从第一卷第一篇“设置经济特区，加快经济发展”（1980 年 8 月 21 日）至第三卷最后一篇“我的心永远同人民军队在一起”（2004 年 9 月 20 日），共 203 篇重要著作，集中反映了“三个代表”重要思想的创立过程。

“三个代表”重要思想，就是我们党要始终代表着中国先进生产力的发展方向，代表着中国先进文化的前进方向，代表着中国最广大人民的根本利益。当前，我们学习《江泽民文选》，全国各地掀起学习《江泽民文选》的热潮，就是要联系国内外实际深入学习“三个代表”重要思想。

一是要针对国际上发生的一系列重大问题，以“三个代表”重要思想为指针，始终确保国家安全，“国家利益高于一切”。当前，世界多极化、经济全球化的趋势越来越明显，新情况、新问题、新矛盾不断涌现，且许多国际问题盘根错节、错综复杂。我们要在这样“纷繁复杂”的国际大背景下，始终高举“和平、发

展、合作”的旗帜，千方百计地维护国家利益，维护国家的政治安全、经济安全，构建“和谐世界”。

二是深入学习“三个代表”重要思想，就是要以科学发展观指导，努力构建“和谐社会”。党的十六大以来，以胡锦涛同志为总书记的党中央提出了以人为本，全面、协调、可持续发展的科学发展观和构建社会主义和谐社会的重大战略思想，为贯彻落实十六大提出的各项重要任务，全面建设小康社会，提供了科学的理论指导。十六大以来党中央提出的科学发展观和构建社会主义和谐社会等重大战略思想，都是同邓小平理论、“三个代表”重要思想既一脉相承又与时俱进的。因此，今后我们学习《江泽民文选》，就是要以实际行动坚持科学发展观，构建社会主义和谐社会。

三是深入学习“三个代表”重要思想，就是要不断加强党的执政能力建设和先进性建设，进一步密切党同人民群众的血肉联系。

3 用“三个代表”重要思想指导我国当前的社会主义新农村建设

在《江泽民文选》的 203 篇著作中，关于我国农业、农村、农民问题的论述很多，如在第一卷中有“高度重视农业、农村、农民问题”（1992 年 12 月 25 日），第二卷中有“开创农业和农村工作新局面”（1998 年 9 月 25 日），等等。当前，我国各地开展社会主义新农村建设，必须以“三个代表”重要思想为指导，即在建设社会主义新农村的各项具体工作中，自觉践行“三个代表”重要思想，始终把广大人民群众的利益放在首位。只有这样，才能不断推进社会主义新农村建设，才能不断促进农村生产力发展，才能不断提高广大农民的生活水平，才能构建“和谐农村”、“和谐社会”，真正实现党中央提出的建设社会主义新农村的目标和要求——“生产发展、生活富裕、乡风文明、村容整洁、管理民主”。

具体来说，在进行社会主义新农村建设中要切实做到以下几点：

3.1 发展农业生产，提高综合生产能力

要建设社会主义新农村，首先必须大力发展农业生产，最大限度地提高农业综合生产能力。可以说，没有生产的发展，建设社会主义新农村就无从谈起，就只能是一句空话。

从各地的生产实践来看，发展农业生产，提高农业综合生产能力主要有以下几条途径：

3.1.1 提高耕地复种指数，充分挖掘耕地潜力

前几年，由于“工业化、城市化、城镇化”的大发展，一定程度上忽视了农业生产，放松了农业生产的发展，致使全国各地相当部分农村耕地撂荒、休闲，出现“有田无人种”、“有地无人耕”的不良现象。这对农业的发展及社会主义新农村建设是非常不利的，尤其是对我国这样一个人口众多、耕地资源有限、人均耕地资源相对不足的农业大国更是不应该的。

今后，为提高农业生产综合能力，必须强调十分珍惜和充分利用现有每一寸耕地，最大限度地提高耕地复种指数，做到一地多种、一田多产、一年多熟、全年丰收。

3.1.2 调整农业产业结构，大力发展生态农业

在农业生产上，要从单纯强调发展粮食生产（主要是粮食主产区）或单纯强调不发展粮食生产（主要是指城市郊区）这两种“单一化”生产模式中扭转过来，调整农业产业结构，实现粮食、棉花、油料、麻类、烟叶、蔬菜、糖、丝、茶等全面发展，种植业、林果业、畜牧业、水产业、工副业等协调发展，真正做到农业生产结构的多样化、技术的多元化和功能的高效化。

3.1.3 改善农业生产条件，实现农业旱涝保收

为实现农业旱涝保收、高产稳产和持续增产，必须下大力气改善农业生产条件，优化农业生产环境，确保农业生产的可持续

发展。

当前，各地要集中力量重修、重建水利设施，如水沟、水库、水坝等，做到有水能贮水，无水能供水，从而有利于实现农业生产的持续稳定发展。

3.2 增加农民收入，实现农民生活富裕

尽管近年来我国各地农民收入有了较大幅度的增长，但不容否定，我国农民收入水平总体还是偏低的，城乡差距不仅没有缩小，反而有所扩大，广大农民，尤其是中西部贫困落后地区的农民多属于“弱势群体”。对此，我们必须有清醒的认识。

为提高农民收入水平，真正实现农民生活富裕，应采取以下对策和措施：

一是作物高效化，即通过调整农业生产结构，发展高效化农作物，如种植瓜果、蔬菜、花卉、药用植物等；

二是农业产业化，通过兴办农业龙头企业，着力培育和壮大协会、专业合作社、联合社等农村合作组织，可采用“公司＋农户”、“协会＋农户”等形式，将“种——养——加”、“产——供——销”结合起来，延伸产业链条，提高农业产业化水平；

三是生产规模化，将目前一家一户的小面积、“作坊式”农业生产，通过“兼并”、“合并”、“合作”等形式，逐步向粮食大户、种田能手、农业企业家等集中，形成“大农场”、“特大农场”的规模化生产格局，从而为整体大幅度提高农业生产效率提供了可能和机会；

四是操作机械化，发达国家（如美国、日本、英国、法国、德国、荷兰等）之所以农业生产效率高，其中一个很大的原因就是实现了农业生产的机械化。我国一些农业发达地区已经迈入了机械化的行列，但还远远不够，其发展潜力巨大。

3.3 加强教育培训，树立乡村文明新风

新中国成立50多年来，我国广大地区农民的素质有了前所未有的提高，这是不言而喻的和毋庸置疑的。但是，从总体上来

看，我国广大农村农民的素质还是比较低的，尤其是中、西部贫困落后地区，农民受教育的机会就更是有限，农民素质亟待提高。

据《社会科学报》2006 年 8 月 31 日报道，国务院研究室发布的《中国农民工调研报告》调查表明，我国外出农民工平均年龄比较轻，全国农民工中 16～30 岁的占 61%，31～40 岁的占 23%，41 岁以上的占 16%，农民工的平均年龄为 28.6 岁。这是农村劳动力受教育比较高的一个群体。但据调查，目前农村尚有 76.4%的农村劳动力没有受过任何技术培训，我国农村劳动力中接受过短期职业培训的只占 20%，接受过初级职业技术培训或教育的只占 3.4%，接受过中等职业技术教育的只有 0.13%。可见，我国农村农民受教育程度是低的，农民素质也是不高的。

为此，必须重视加强农村的教育培训工作，真正树立起乡村文明新风。一是观念培训，通过采取“走出去，请进来”的方式，让农民群众开眼界、长见识，解放思想、更新观念；二是文明培训，通过开展“送文明新风进千家万户”活动，评选“文明家庭”、“五好家庭”、“评选十星级文明户”等，提升农民文明意识和文明素质；三是技能培训，通过举办培训班、轮训班，开设“农民快速致富”墙报专栏，开办“致富夜校”等，把科技知识、实用技术、最新信息传授给农民，使农民深切体会到“知识富脑、科技生金”的道理。通过上述活动，农民素质提高了，收入增多了，乡村文明新风树起来了。

3.4 改善生态环境，建设整洁美丽新农村

3.4.1 治理生态环境

当前，许多农村不同程度地存在“脏”、“乱”、“差”现象，与社会主义新农村的要求不相吻合。为了加快建设社会主义新农村的步伐，必须对现有农村生态环境进行清理、整治，实现农村生态环境的“净化”。一是对农村房屋要进行必要的“清理”，对长期无人居住的旧房、老房、破房、危房和“空心房”乃至“空心村”，该拆除的要拆除，该修缮的要修缮，该清理的要清理；

二是对农村道路和整个生态环境要进行必要的“清理”。江西省赣州市在社会主义新农村建设中大力开展改路、改水、改电、改厕，以及清路障、清垃圾、清污泥等生态环境整治，对改善农村生态环境起到了积极作用。

3.4.2 建设生态环境

一是绿化，就是在保护现有“绿色”（树木、草地等）的前提下，最大限度地增加绿色面积，扩大绿色空间；二是亮化，在解决了农村“用电难”的前提下，进一步改善农村照明条件；三是美化，就是将栽树、植草、种花等有机地结合起来，尽量美化农村生态环境，彰显社会主义新农村的新面貌。

3.4.3 优化生态环境

在上述治理生态环境、建设生态环境的基础上，优化农村生态环境，就是要将改善、优化“自然生态环境”与改善、优化“人文生态环境”结合起来，真正使社会主义新农村呈现物质文明、政治文明、精神文明、生态文明同步发展、协调发展的新局面。

3.5 加强法制建设，实现农村“民主管理”

一是建立健全乡规民约，做到人人遵守纪律，个个照章办事；二是推行村民委员会的直接选举制度，让农民群众选举自己满意的人管理村务；三是完善村民议事制度，村里的大事，尤其是与家家户户切身利益密切相关的事情，应经过村民大会或村民选出的代表讨论，不能由少数人说了算；四是实行村务公开制度。总之，通过以上各项制度和各种做法，真正实现农村“民主管理”。

4 结束语

一句话，只要我们用“三个代表”重要思想指导当前及今后的社会主义新农村建设，我们就能实现党中央提出的“生产发展、生活宽裕、乡风文明、村容整洁、管理民主”的社会主义新农村建设的目标和要求。

保持共产党员先进性与建设社会主义新农村*

当前，全党、全国人民正在深入学习和贯彻执行党的十六届五中全会精神，全面推进社会主义新农村建设。如何发挥农村基层党组织的作用，加强共产党先进性建设，保持农村共产党员的先进性，并以此来推动社会主义新农村建设，这是值得探讨的问题。本文拟对此谈些个人的学习体会。

1 重大意义和重要作用

保持共产党员先进性在建设社会主义新农村中具有重大意义和重要作用。具体来说，其意义和作用表现在以下几方面：

1.1 带动作用

保持共产党员先进性活动在建设社会主义新农村中起着积极的带动作用。这是因为，共产党是“先锋队组织”，共产党员是“先锋队组织”中的成员，保持共产党员先进性，就是要发挥党组织和广大党员，尤其是农村的党组织和共产党员，在建设社会主义新农村中是“先锋作用”、“带头作用”。

江西省赣州市有农村党员 13.3 万人，占该市党员总数的1/2。虽然该市是我国中部地区的一个欠发达的农业市，但由于在进行先进性教育活动中，充分发挥了农村基层党组织的“带动作用”

---

* 本文原载《思想的火花——中国井冈山干部学院保持共产党员先进性教育活动理论文集》（主编：李小三；副主编：周金堂），江西人民出版社，2006 年 12 月，第 283～289 页。

和全体农村党员的“模范带头作用”，目前该市在建设社会主义新农村中已走在全国的前列，其创立的“五新一好”（即建设新村镇、发展新产业、培育新农民、塑造新风貌和创建好班子）的社会主义新农村建设模式——“赣南模式”，已闻名全国。

1.2 强化作用

保持共产党员先进性，就是要通过建设社会主义新农村这一具体实践、具体行动，强化党组织尤其是农村党组织对广大农村的领导，强化党组织尤其是农村党组织对人民群众生产、生活的关心和爱护，把党的温暖送到千家万户，强化党在农村的执政地位、巩固党在农村的执政根基。

通过保持共产党员先进性活动，强化党组织对建设社会主义新农村的领导，才能加快推进我国社会主义新农村建设的步伐，从而从根本上解决我国的“三农”问题，促进全面建设小康社会和构建社会主义和谐社会。

1.3 保证作用

开展以学习和实践“三个代表”重要思想为主要内容的保持共产党员先进性活动，是全面推进建设社会主义新农村的坚强保证。保持共产党员先进性，就是要着力提高广大党员，尤其是农村广大党员的四种实际本领，即提高科学发展、致富群众的本领；提高执行政策、依法办事的本领；提高化解矛盾、促进和谐的本领；提高艰苦奋斗、务实创新的本领。有了这四种本领，广大党员尤其是农村党员就能在带头致富、带领群众共同致富中体现先进性；在科学发展、又好又快地发展中体现先进性；在建设社会主义新农村、促进乡村繁荣和谐稳定中体现先进性。一句话，开展保持共产党员先进性活动，是确保建设社会主义新农村这一“民心工程”取得实效、取得成功的坚强保证。

2 存在问题和不利影响

当前，农村基层党组织和农村部分党员存在种种“不先进”

的现象，一定程度上已对建设社会主义新农村带来诸多不利影响。

2.1 基层党组织不健全

根据有关调查，目前全国还有少部分甚至相当部分农村基层党组织不健全，如：有的农村至今还没有建立基层党组织；有些农村基层组织虽然存在，但一年到头从不过组织生活，党员也从不缴纳党费，这样的基层组织实际上已是“名存实亡”；有的农村基层组织虽然也存在，每年也过那么一、二次组织生活，开那么一、二次会议，但都是“走过场”、“做形式”，不“务实”，没有实际成效。这样一些不健全的基层组织和不务实的组织生活，对建设社会主义新农村只能是浪费时间，或是“无济于事”，或是“有百害而无一利”，广大群众并不欢迎。

2.2 党员先进性不突出

应该说，绝大多数农村党员是好的和比较好的，是听中央话的，是维护中央权威的，是与党中央保持高度一致的。即，一句话，多数农村党员是具有“先进性”的。

但不容否定，现在农村党员中也存在诸多问题，突出表现在：现在农村有相当多的党员存在年龄“老化”、观念“僵化”、能力“弱化”、组织纪律“淡化”的现象。有关调查结果表明，由于缺乏教育，加上自身修养没有跟上去，有些地方党员带头赌博、打麻将、偷、盗、抢，带头“违法乱纪”，严重损害了共产党员的“形象”。这一现象不改变，不仅影响广大农村正在进行的建设社会主义新农村的“进程”和“速度”，更影响党在农村的“执政能力”和“执政基础”，不可等闲视之。

2.3 党群关系不紧密

尽管近年来农村党群关系有所改善，但一定程度上仍存在农村党群关系“不紧密”的问题。导致农村党群关系不紧密的主要原因在于：一是工作方法问题。有的农村基层党员领导干部面对纷繁复杂的农村工作和农民问题，缺乏必要的思想政治工作经验和农村工作方法，不懂得如何去组织农民、团结农民、带领农民致富，也缺乏农村工作锤炼，喜欢用强制性的行政命令简单从事，很易引发农民群众的对立情绪，如果处理不当，有可能使矛盾激化，影响农村“党群关系”和农村的社会稳定；二是本身品德问题。有的基层党员干部，尤其是少数村社党员干部，道德品质败坏，自己有违规行为，自己都没“管好”，还怎么去“管好”农村广大群众呢？三是党员素质问题。有些农村党员本身素质低下，农村党员与普通群众之间缺乏必要的、应有的“互帮、互助、互爱”精神，甚至有的党员“只管自己，不管别人”，党群关系涣散。

由于农村党群关系不紧密引发的后果是严重的。根据调查和研究，自20世纪80年代初家庭承包经营责任制实施后，全国农村的群体性械斗出现较大幅度的增长，至90年代初达到高峰。然而，自20世纪90年中期开始，在群体性械斗事件急剧下降的同时，另一种群体性事件却出现上升，即针对基层政府和基层干部的群体性事件日益增多。这些都是农村党群关系、干群关系“不紧密”造成的，如不及时处理或处理不当，不仅影响社会主义新农村建设，更影响农村社会稳定和国家长治久安。

2.4　凝聚力、创造力、战斗力不强

由于农村基层党组织在一定程度上存在机构不健全、党员先进性不突出、农村党群关系不紧密等多方面的问题，必然导致农村基层党组织难以发挥“战斗堡垒”的作用，其凝聚力、创造力、战斗力势必受到影响。尤其是在社会主义市场经济条件下，农村基层党组织与农民利益攸关，如果农村基层党组织和广大党员不能为广大农民致富、奔小康“排忧解难”，其“凝聚力”、“创造力”、“战斗力”就难以体现出来。显然，为了提高农村基层党组织的“凝聚力”、“创造力”、“战斗力”，就必须加强农村基层组织的先进性建设，保持共产党员的先进性。

3 始终保持共产党员先进性，大力建设社会主义新农村

要保持共产党员先进性、促进社会主义新农村建设，必须采取以下对策和措施：

3.1 健全基层组织

必须下大决心，恢复、建立和健全广大农村基层党组织，这是充分发挥党组织和每个党员先锋模范作用的基础和前提。首先，对于已经有或曾经有的农村基层党组织，要在上级党组织的领导和指导下，尽快恢复和建立符合时代要求的、新的、更加完善的基层组织；其次，对于已经建立了的农村基层组织，要健全制度和加强管理，要避免出现“松松垮垮”、“软弱涣散”、“老弱病残”等不良局面；最后，要选出一位好的“领头人”——支部书记，这是能否充分发挥基层党组织的关键所在。一般来说，村党支部书记应是政治素质强、发展能力强的“双强型”农村领导干部。

3.2 提升党员素质

光有健全的农村基层组织还不够，必须有高素质的党员队伍。只有农村每个党员的素质提高了，每个党员的积极性都调动起来了，建设社会主义新农村才有希望。农村每个党员应该做到：政治上靠得住，要求政治上始终与党中央保持高度一致；工作上有本事，既要有能力自己致富，更要有能力帮助广大群众致富；作风上过得硬，要有良好的工作作风和思想品德。如每个农村党员都能达到这一要求，建设社会主义新农村才能希望。

为了使每个农村党员达到这一要求，就必须加强农村党员的教育和培训，加强农村党的先进性建设，从而使每个农村党员始终保持共产党员的先进性——这才是建设社会主义新农村的重要保证。

3.3 建立监督机制

无论是对农村基层组织的党员领导干部，还是农村普通党

员，都应建立必要的监督机制。这样才有利于保持共产党员的先进性，才有利于建设社会主义新农村，否则，一切只能成为空话。

为建立有效监督机制，首先，必须建立健全各种规章制度，做到制度“管事”、制度“管人”、制度“管党员”；其次，必须完善各种法律法规，做到“以法治村（农村）”、“以法管人”、“以法管干部”、“以法管党员”；第三，建立激励机制，对于表现好，始终能保持共产党员先进性，且在社会主义新农村建设中做出突出成绩的农村党员干部和普通党员，要给予应有的表彰和奖励。

3.4　加大支农力度

一是重视新农村建设。各级党组织和全体共产党员，都要从加强先进性建设和保持共产党员先进性的高度来重视和支持新农村建设，始终把推进社会主义新农村建设作为践行“三个代表”重要思想在我国现阶段农村经济社会发展中的重要体现；同时，在建设社会主义新农村的整个进程中，树立和落实科学发展观，以科学发展观统领社会主义新农村建设的全过程。二是支持新农村建设。各级部门在进行发展规划和项目设计时，都应把社会主义新农村建设作为其中重要内容之一予以考虑，要从保持共产党员先进性的高度来支持各地的新农村建设。三是千方百计增加对新农村建设的投入。要以实际行动，在人力、物力、财力等方面切实增加对社会主义新农村建设的投入。只有这样，我们才能在进行先进性建设、保持共产党员先进性的同时，把建设社会主义新农村不断推向前进。

社会主义新农村建设的若干特征*

摘　要： 本文总结、归纳和简述了社会主义新农村建设的若干特征，即：综合性、长期性、阶段性、区域性、参与性、主导性、系统性、配套性、实效性、超前性、多样性和统一性。对当前全国各地正在进行的社会主义新农村建设具有指导意义和参考价值。

关键词： 社会主义新农村；建设；特征

按照党中央的战略部署和指示精神要求，当前全国各地都在积极推进社会主义新农村建设的伟大事业。为了使社会主义新农村建设的伟大事业更快、更好地向前发展，不仅要从实践上积极推进，更要从理论上加以分析和探讨。本文拟从理论上对社会主义新农村建设的若干特征进行归纳和分析，以期对目前各地正在进行的社会主义新农村建设的伟大实践提供必要参考和借鉴。

根据作者近期对我国社会主义新农村建设理论和实践的学习、考察和分析，认为社会主义新农村建设具有以下特征：

1　综合性

党中央提出的社会主义新农村建设的“20 字方针”是：生

* 本文原载《农业科技创新与社会主义新农村建设——华东六省一市农学会2006年学术论坛论文集》（浙江省农学会编），中国农业科学技术出版社，2006年11月，第112～115页。

产发展、生活宽裕、乡风文明、村容整洁、管理民主。这充分说明我国正在进行的社会主义新农村建设，其内涵非常丰富，涉及农村物质文明、政治文明、精神文明等方方面面的内容。这也就是说，衡量一地区（省、县、乡、村）社会主义新农村建设成功与否，不能光看某一方面，而应该全面衡量、综合评价，即要求社会主义新农村建设的生产、生活、生态、物质、政治、精神等“综合目标”达到要求，方能说社会主义新农村建设取得成功。从这一意义来说，综合性、全面性是社会主义新农村建设的基本特征之一。

2 长期性

社会主义新农村建设是一个长期过程，不可能要求在一天、两天或一年、两年“短时间”内完成，不可能一蹴而就。这是因为我国是一个发展中的农业大国，至今仍有70%以上的人口居住在农村，广大农村总体上还是比较贫困的，生活水平较低、生活质量较差，生产条件、生态环境等远远赶不上城市或发达地区。基于这种现状，要在短时期内根本改变，实属困难或不可能。因此，建设社会主义新农村，从根本上改变广大农村的“贫困”面貌，必须作好长期奋斗的思想准备，必须脚踏实地，一步一个脚印，循序渐进，方能取得成功。一句话，社会主义新农村建设是一个长期的历史任务，是一个几乎贯穿我国整个社会主义现代化建设全过程的战略任务、历史任务。

3 阶段性

首先，从全国广大农村来说，有处于经济相对发达的“先进”阶段的农村，也有处于“后进”或相对“落后”阶段的农村，对不同类型、不同阶段的农村来说，其建设社会主义新农村的目标是不同的。其次，从总体上来说，社会主义新农村建设是一个长期过程，但从某一地、某一村来说，则不同时期其建设社会主义新农村的目标是不同的，因而必须确定其各自的“阶段性目标”。最后，同一地区的不同阶段或不同地区的同一阶段，社会主义新农村建设的目标、任务，采取的模式、技术和措施等均不一样。

可见，“阶段性”是社会主义新农村建设的一个重要特征，各地在进行社会主义新农村建设进程中，必须针对不同阶段，确定不同目标，采取不同措施，以促进社会主义新农村建设事业不断向前发展。

4 区域性

社会主义新农村建设具有明显的差异性和强烈的区域性。如，东部沿海发达地区（江苏、浙江、福建等）社会主新农村建设的模式，与西部经济不发达地区（甘肃、陕西、新疆等）社会主义新农村建设的模式是不一样的，与中部经济欠发达地区（江西、山西、安徽等）社会主义新农村建设的模式更是不同。南方丘陵山区社会主义新农村建设的模式显然不适宜于黄河流域广大农村；同样，西部干旱地区建设社会主义新农村的方式、方法和技术体系也不能完全适用于南方湿润地区广大农村。因此，各地必须根据各自的自然和社会经济条件，因地制宜地探索出各自合理、合适的社会主义新农村建设模式及其配套措施和技术体系，这是确保社会主义新农村建设取得成功的关键之一。

5 参与性

农民是社会主义新农村建设的主体，社会主义新农村建设要取得成功，必须要有成千上万农民的积极参与。否则，再好的规划、设计，再好的政策、措施，再好的技术、方案，最终只有是一纸空文、一句空话。

要充分发挥农民参与社会主义新农村建设的积极性，关键是要通过培训提高广大农民的综合素质，包括：①政治素质，即要使广大农民充分理解国家的方针、政策，学习、了解和掌握党中央关于社会主义新农村建设的大政方针；②业务素质，就是要通过学习和培训，使全体农民熟悉和掌握农村实用技术，增强致富本领，为全面建设小康社会作出贡献；③“文明”素质，要通过加强培训，让广大农民在遵纪守法、文明礼貌方面向前迈进一步，为构建“和谐社会”、“和谐农村”尽心尽力，从而使广大农民不仅为建设社会主义新农村的物质文明、政治文明做出贡献，而且为建设社会主义新农村的精神文明“添砖加瓦”。

6　主导性

建设社会主义新农村，农民是主体，政府是主导。进行社会主义新农村建设，光有农民的参与，没有政府的领导和“主导”，显然难以取得成功。因此，要使社会主义新农村建设取得预期成效，必然要依靠各级政府的正确领导，要充分发挥政府的“主导性”作用，政府在政策、资金、人力、物力等诸多方面给予“倾斜”和支持，这是社会主义新农村建设取得成功的“决定性”因素。

可见，各级政府要积极、主动地领导和“主导”各地的社会主义新农村建设，要动员社会各方力量参与到这项伟大的事业中去，从而确保我国社会主义新农村建设取得成功。

7　系统性

党中央提出的“生产发展、生活宽裕、乡风文明、村容整洁、管理民主”的社会主义新农村建设的“20字方针”，实际上涵盖了经济、政治、文化、社会、精神文明、党的建设等各个方面的内容，其系统性非常强。从这一意义上来说，社会主义新农村建设是一项艰巨的、复杂的系统工程。要把社会主义新农村建设这项伟大的事业不断推向前进，就必须由系统、子系统、亚系统、子子系统、亚亚系统等多系统、多方面、多层次的“各种力量”参与进来，“整合”各种资源，充分发挥系统的“整体作用”，并最终取得系统的“整合效应”。

一句话，发挥系统之内、系统之外各“组分”的“协同作用”，才能不断促进我国社会主义新农村建设取得新成就、新进展。

8 配套性

由于社会主义新农村建设的“系统性”，这就要求在进行社会主义新农村建设时必须方方面面相互“配套”。各地一年多来的社会主义新农村建设的实践经验也业已证明，要搞好社会主义新农村建设，必须要有多层次、多部门、多单位的相互配合和协调，否则，只能是事倍功半，或劳民伤财、徒劳无功。

因此，各地在今后的社会主义新农村建设过程中，要求各部门、各单位通力合作、相互配套。如当前江西赣州、吉安等地进行的以“三清”（清垃圾、清污泥、清路障）、“三改”（改水、改厕、改路）为主要内容的社会主义新农村建设，就是由市、县、乡（镇）、村各级农、林、水、环保、能源等多个部门和单位的人员相互配合、共同参与，因而才取得良好效果，并已逐步在南方及全国类似地区进行推广。

9 实效性

按照中央的精神和要求，建设社会主义新农村是一项利国富民的工程，是“民心工程”，关键要取得实效。因此，各地在推进社会主义新农村建设的伟大事业中，必须从广大农民的切身利益出发，从广大农民最关心的事情“入手”，以最广大人民群众的利益为出发点和落脚点。只有这样，社会主义新农村建设才能取得“实效”。

为真正体现“实效性”，江西省吉安县在推进社会主义新农村建设的伟大事业中，强调“十个不”，即：不搞形式主义、不强迫命令、不推山、不砍树、不填塘、不种洋草皮、不搞洋树种、不修环村路、不建篮球场、不粉青砖墙。从群众的切身利益出发，取得了实效，受到了广大农民的欢迎。

10　超前性

社会主义新农村建设是一项长期的“民心工程”。因此，在进行社会主义新农村建设的各项工作中，必须高起点、高标准，不能只顾眼前利益，要“站得高、看得远”，尤其是各地在编制社会主义新农村建设的规划时，一定要有超前性、前瞻性，既要注重保护农村文化遗产，更要吸收人类社会的最新成果，要预计到今后10年、20年、50年或更长时间农村可能发生的变化及由此可能带来的“后果”。只有这样，才能确保社会主义新农村建设“少走弯路”或“不走弯路”。

江西吉安县在社会主义新农村建设进程中，十分注重提高“规划”的编制质量。在编制村庄规划时，坚持“一个保留、两个坚持、三个不、三配套”的理念。即：保留农村历史文脉，传承客家建筑文化，彰显客家文化底蕴。坚持人与自然和谐，注意保护山体、河流、水塘，保护生态环境和自然风貌；坚持不搞千篇一律，做到依山就势，体现乡村特色，凸显田园风光，避免使城乡一体化变为城乡一样化。做到不推山、不填塘、不砍树。基础设施配套、社区服务设施配套、房屋设计配套。

11　多样性

如上所述，社会主义新农村建设具有区域性和差异性。我国是一个地形、地貌复杂且多样，自然和社会经济条件千差万别的发展中农业大国，在进行社会主义新农村建设时，必须考虑其“多样性”的特点。即在推进社会主义新农村建设的过程中，必须针对各地的不同情况和具体实际，不断探索新的模式、新的途径、新的技术体系和新对策、新措施，总结和摸索出新的经验，这是确保社会主义新农村建设取得成功、取得实效的关键所在。

12 统一性

我国是社会主义国家，当前我国各地正在进行的新农村建设是社会主义的新农村建设。因此，在党的领导下，实行“统一管理”有利于加快社会主义新农村建设的步伐。如江西省赣县在社会主义新农村建设的进程中，对“空心房”、“空心村”的改造，就是实行“六统一”——统一拆迁、统一规划、统一设计、统一审批、统一放线、统一验收。对确保该县社会主义新农村建设向前发展起到了积极作用。

农村干部培训与社会主义新农村建设*

摘　要：本文在简要论述农村干部在社会主义新农村建设中的重要作用的基础上，指出了当前部分农村领导干部存在的一些问题。最后，提出了在进行社会主义新农村建设伟大事业中，加强农村干部培训的对策和措施。该文对促进当前全国正在进行的社会主义新农村建设具有一定的参考价值。

关键词：社会主义新农村建设；农村干部；培训

当前，全国各地广大农村都在进行社会主义新农村建设。农村干部在推进社会主义新农村建设中担负着重要任务，在某种程度上决定着一个地方、一个村庄社会主义新农村建设的进程、速度和成效。如何充分发挥农村干部的积极性和创造性，快速推进我国各地社会主义新农村建设，这是一个值得探讨的问题。

1　农村干部在社会主义新农村建设中的重要作用

“政治路线确定之后，干部就是决定因素。”农村干部在推进社会主义新农村建设中起着十分重要的作用。具体来说，其作用表现在以下几方面：

---

* 本文原载《科学中国人》2007年第1期第102～103页。

1.1 带头作用

农村干部在社会主义新农村建设中首先起着带头作用，俗话说，“村看村，户看户，村民看干部”。可见，一个村、一个乡或一个县，社会主义新农村建设搞得如何，就看农村干部的“带头作用”发挥得如何。

1.2 引领作用

农村干部在农村一切工作中实际上承担了“引领未来”的作用。他们把中央的路线、方针、政策“消化”、“吸收”、“吃透”后，直接“引导”、“领导”广大群众在生产实践中贯彻执行，起着十分重要的引领作用。

3.3 示范作用

农村干部在社会主义新农村建设中不但要会“说”，更要会“干”，要在建设社会主义新农村的生产实践中做出示范、做出表率，这样群众才“心服”、百姓才“满意”，社会主义新农村建设才有希望。

1.4 凝集作用

农村干部少、群众多。要把农村工作做好，要把社会主义新农村建设事业不断推向前进，农村干部必须把成千上万的群众团结起来、组织起来、“凝集”起来，使广大群众“心往一处想，劲往一处使”。只有这样，我们的事业才有希望，建设社会主义新农村的伟大事业才能不断取得实效。从这一意义上来说，任何一级领导、任何一个干部，都具有凝集作用。

1.5 督促作用

进行社会主义新农村建设，必须要成千上万的广大农民参与，农民是社会主义新农村建设的主体。然而，不同农民，思想境界、文化素质、科技水平、工作积极性等均有差异，在建设社会主义新农村的伟大事业中，有的表现为“先进”，有的则表现为“不先进”或“后进”。农村领导干部，就是要“督促”后进、鼓励先进，使“后进”变“先进”、“先进”更先进。显然，要使社会主义新农村建设“整体推进”，使“全体农民”积极参与，农村干部的“督促作用”是必不可少的。

1.6 教育作用

在全国各地推进社会主义新农村建设的伟大事业中，广大群众的积极性总体上是非常高的，绝大部分农民都认识到这是党中央做出的一项“利国、富民”的英明正确决策。但也有极少部分农民认识不足，对党中央的路线、方针、政策缺乏学习和理解。在这种情况下，农村干部就必须对这部分农民进行教育，帮助他们加强学习、端正认识。可以说，要使社会主义新农村建设的伟大事业得到千家万户的理解、拥护和积极参与，发挥农村干部的“教育作用”是至关重要的。

2 农村干部存在的十大问题

由上分析可知，农村干部在社会主义新农村建设的伟大事业中起着十分重要的作用，充分发挥农村干部在新农村建设中的作用是理所当然的。然而，当前农村有少部分甚至相当部分农村干部，在一定程度上或多或少地存在以下十个方面的问题，对建设社会主义新农村极为不利。

2.1 水平不高

应该说，近些年来农村基层干部（主要指乡、村干部）的水平在不断提高，但从总体上来说，农村基层干部的现有水平是不高的，多数学历层次较低，有的是初中毕业，有的是高中毕业，真正有大学文凭的不多；有的即使有大学文凭，但由于缺乏“基层工作经验”，实际工作水平和工作能力并不理想。

2.2 品质不优

自改革开放以来，尤其是实行社会主义市场经济以来，多数农村干部能做到“急农民之所急，想农民之所想”，为民办事、为民造福。但也有极少数农村干部，道德品质败坏，扰民、害民，为了个人利益，不惜牺牲广大农民的利益，“说假话、办坏事”；有的为了突出个人“政绩”，大搞“形象工程”，劳民伤财。广大农民对此看在眼里，记在心里。

2.3 作风不实

极少数地方的极少数农村基层干部，作风浮夸，工作不踏实，一味迎合上级领导，做表面文章，农民对此十分反感。

2.4 方法不妥

现在有的农村基层干部面对纷繁复杂的农村工作和农民问题，缺乏必要的思想政治工作经验和农村工作方法，不懂得如何去组织农民、团结农民、带领农民致富，也缺乏农村工作锤炼，喜欢用强制性的行政命令方法简单从事，很易引发农民的对立情绪，如果处理不当，有可能使矛盾激化，影响农村的稳定局面。

2.5 点子不多

面对快速发展的国际、国内形势，广大农民致富的愿望迫切，而农村干部由于水平低，缺乏学习、不善于学习，因而难以提出让广大农民“认可”、“接受”的致富途径、致富技术和致富方法，致富“点子”不多。

2.6 管理不善

由于作风不实、方法不妥，必然产生管理不善的问题，并由此引发各种问题和事件。据研究自20世纪90年代中期以来，影响我国农村稳定的主要表现已由过去发生在农民与农民之间的群体性事件（械斗），过渡为主要针对基层政府和组织的群体性事件。自20世纪80年代初家庭承包经营责任制实施后，农村的群体性械斗出现较大幅度的增长，至90年代初达到高峰，然而，自1990年中期始，在群体性械斗事件急剧下降的同时，另一种群体性事件却出现上升，即针对基层政府和基层干部的群体性事件日益增多。

2.7 创新不够

总体上来说，农村基层干部的创新意识不强，往往是“上面”怎么说，“下面”就跟着“怎么说”，而不是想方设法考虑

“怎么做”，更不会为农民“出”一些创新性的“点子”和“致富路子”。创新意识不强、创新能力不足，对建设社会主义新农村极为不利。

2.8 科技意识不强

开展社会主义新农村建设，有相当部分农村基层干部简单地认为这是争取上级部门资金的极好机会，因而绞尽脑汁、想尽一切办法“跑项目、跑资金”。相反，真正思考科技，思考通过最新科学技术成果的推广应用实现农村富裕、推进社会主义新农村建设，这样的农村基层干部实在是太少、太少了。

2.9 干群关系不紧

由于农村基层干部工作方法简单粗暴，在一定程度上破坏了干群关系、党群关系，给农村社会的稳定带来了一定的困难，产生了诸多消极影响。这一点必须引起有关领导和部门的高度重视。

2.10 带头作用不显

现在有的农村基层干部在新农村建设中带头作用不明显，甚至有的干部不是“带好头”，而是“带坏头”，想利用社会主义新农村建设这一“时机”，为自己和亲人“捞一把”，尤其是在修路、做房和“新村”建设等方面承包工程，以权谋私，损害集体和广大农民的利益。应采取有关措施予以制止。

3 加强农村干部培训，促进社会主义新农村建设

针对以上存在的各种问题，必须加强农村干部培训，切实提高农村干部队伍整体素质，推进社会主义新农村建设。

3.1 思想品德的教育与培训

思想品德是农村干部的首要素质。要通过教育和培训，让广大农村干部认真学习马列主义、毛泽东思想、邓小平理论和“三个代表”重要思想，认真学习科学发展观；要使广大农村干部有为国争光、为民族繁荣、为地方经济振兴和投身社会主义新农村

建设的思想觉悟和工作热情。只有这样，才能不断促进社会主义新农村建设的向前发展。

3.2 文化科技素质的培训

针对农村干部文化科技素质偏低的现状，应通过以下途径和措施提升其文化科技素质：一是安排农村干部到地方或国家干部学院脱产学习和培训，重点提高业务知识和水平；二是通过报刊、杂志、电影、电视等媒体学习有关科技知识，了解国际、国内科学技术的发展状况；三是实地考察和现场学习、取经，提升文化科技水平。

3.3 现代市场意识的培训

加入WTO后，我们必须有很强的市场意识，要真正做到一切农业生产活动应围绕市场进行。广大农村干部在进行社会主义新农村建设进程中，应特别强调几点：一是要有开放意识，现在的市场是开放的市场，是国际化的大市场；二是要有竞争意识，市场经济就是“竞争经济”，优胜劣汰，适者生存，不适者淘汰，要在市场竞争中取胜，必须“高人一筹，先人一招”；三是要有超前意识，市场的导向作用是人人皆知的，但市场又是千变万化的，有时甚至是“捉摸不透”的。因此，要善于分析市场、预测市场、把握市场，做到“为我所用”；四是要敢于开拓市场、抢占市场。

3.4 生态意识和生态素质的培训

21世纪是生态文明世纪，是生态时代。因此，广大农村干部必须要有强烈的生态环境意识。首先，要充分认识保护生态环境、促进可持续发展的极端重要性；其次，“入世”后要冲破“绿色壁垒”，必须重视生态保护，发展生态农业，生产无公害、绿色食品、有机食品，这是增强农业国际竞争力的重要之举，不可等闲视之；第三，人类已清醒地认识到，那种为了个人或局部的经济利益而不惜牺牲生态环境，甚至牺牲消费者健康和生命安全的做法，是人类现代文明所不允许的；第四，在社会主义新农村建设的伟大事业中，尤其要注重保护生态、保护环境，真正把广大农村建设成为“村容整洁”的社会主义新农村。

3.5 法制教育和法律知识的培训

当前，我国正在实行社会主义市场经济。市场经济就是信用经济、法制经济。在社会主义新农村建设和一切经济活动中，都必须“依法行事”、“依法办事”。因此，农村干部要加强法制教育和法律知识的培训。既要懂得用法律的武器“保护”自己，更要知道用法律的武器“对付”别人，农村领导干部尤其是要善于运用法律武器保护广大农民的切身利益、维护广大农民的切身利益，从而促进社会主义新农村建设的向前发展。而要做到这一点，就必须学法、懂法、普法、用法。

3.6 创新能力的培养

“创新是一个民族的灵魂，是一个国家兴旺发达的不竭动力”。在进行社会主义新农村建设的伟大事业中，广大农村干部不仅要加强学习，更要注重在实践中锻炼和提高自己的创新能力，提高不断开拓事业、促进发展的能力，这包括：①获取新知识的能力；②掌握新技术的能力；③开发新资源的能力；④生产新产品的能力；⑤开拓新市场的能力；⑥取得新效益的能力，等等。只有这样，才能不断推进社会主义新农村建设伟大事业的向前发展。

参考文献：

[1] 王伟光．正确处理人民内部矛盾，构建社会主义和谐社会．中共党史研究，2006（3）：3～13

[2] 中国农学会．循环农业与新农村建设——2006年中国农学会学术年会论文集．中国农学通报，2006，22（专集）

提高农民素质与建设社会主义新农村*

摘　要： 农民素质在建设社会主义新农村过程中起着重要作用。本文在简述了农民素质概念的基础上，分析了提高农民素质对建设社会主义新农村的促进作用；在整理、归纳已有文献资料的基础上，结合社会主义新农村建设的具体目标，建立了新时期农民素质评价指标体系，并运用层次分析法和线性综合评分法对我国31个省（市、自治区）农民素质的现状进行了综合评价；之后，进一步分析了目前我国农民素质存在的主要问题；最后，针对性地提出了大力提高农民素质、促进社会主义新农村建设的对策和措施。该文对当前我国各地正在进行的社会主义新农村建设具有重要参考价值。

关键词： 农民素质；社会主义新农村建设；层次分析法；综合评价

1 前言

党的十六届五中全会提出了建设社会主义新农村的历史任务。“生产发展、生活宽裕、乡风文明、村容整洁、管理民主”，是社会主义新农村的内涵，体现了全面发展、科学发展的思想和

* 本文作者：黄国勤、欧一智。全文于2007年10月11日完成。

要求。农村全面发展最深刻的内涵，就是人的全面发展。《中共中央国务院关于推进社会主义新农村建设的若干意见》中指出："提高农民整体素质，培养造就有文化、懂技术、会经营的新型农民，是建设社会主义新农村的迫切需要"。人是生产力中最活跃的因素，农民是社会主义新农村建设的主力军，其素质的高低直接决定着社会主义新农村建设的速度和质量。因此，提高农民素质、培养新型农民，把农村人力资源转化为人力资本，是新农村建设的最本质要求和中心环节。

2 几个相关概念

（1）农民。据《辞海》解释①，农民指"直接从事农业生产的劳动者"。现代农民是指持有农业户口，主要在农村社区从事农工商等项生产经营活动的劳动者，从总体上来说应该是具有现代科技素质的农民。

（2）素质。"素质"是一个经典的生理、心理学概念，它有狭义和广义之分。狭义的"素质"，就是生理学和心理学上所说的"素质"，即"遗传素质"，指人生来就具有的先天的解剖生理特点。根据《辞海》②，素质指"人或事物在某些方面的本来特点和原有基础。在心理学上，是指人的先天的解剖生理特点，主要是感觉器官和神经系统方面的特点。是人的心理发展的生理条件，但不能决定人的心理内容和发展水平。某些素质的缺陷可以通过实践和学习获得不同程度的补偿。"广义的素质，其内涵除了遗传特征，还包括后天心理素质和社会素质，是先天和后天共同作用下形成的人的身心发展总水平。在外延上，它既可以指个体素质，也可以指群体的质量和性质。因此，广义的素质概念可以界定为：素质是指人在先天生理基础上，受后天环境和教育的

---

① 上海辞书出版社：《辞海》1989年版，第987页.

② 上海辞书出版社：《辞海》1989年版，第3200页.

影响，通过个体自身的认识与实践而养成的比较稳定的身心发展的基本品质。

（3）农民素质。根据以上所述，可将农民素质概括为农民在特定的社会阶层和社会群体所具有的基本品质，主要是指达到劳动年龄的劳动者的素质，农民素质是在先天的生理基础上，在一定的社会环境，主要是农村这一特定环境的影响下，通过参加农村丰富的经济社会文化活动而逐步积淀形成的。

国内的许多学者对于人口素质问题进行了大量有益的讨论，主要的焦点则集中在“三要素”和“二要素”。前者认为人口素质包括身体素质、科学文化素质和思想道德素质，并认为身体素质是人口质量的自然条件和基础，科学文化素质和思想道德素质是人口质量的中心。后者认为人口素质只能由身体素质和科学文化素质组成。

根据本文的研究目的，作者拟从“三要素”的角度分析农民素质，同时，正如人口“二要素”观点认为的那样，思想道德难于进行指标分类和量化，在此只做定性分析，定量分析部分只尝试性选择两个指标反映农民心理素质。

3 提高农民素质对建设社会主义新农村的促进作用

3.1 提高农民素质是“生产发展、生活宽裕”的基础

“生产发展、生活宽裕”需要“有文化、懂技术、会经营的新型农民”。随着市场经济的发展，农村产业结构的调整，农村社会经济结构已经由传统的单一农业经济转向多元化。无论是农业还是非农行业，其生产水平的提高都离不开都有高素质的劳动者。

传统农业向现代农业的转变首先需要传统农民向现代农民转变，而这一切依赖于农民素质的提高，正如舒尔茨在他的专著《改造传统农业》结尾所言：“一个受传统农业束缚的人，无论土地多么肥沃，也不能生产出许多食物。节约和勤奋工作并不足以克服这种类型农业的落后性。为了生产丰富的农产品，要求农民

获得并具有使用有关土壤、植物、动物和机械的科学知识的技能和知识”[①]。西方发达国家农业发展迅速与农民素质高有密切联系，如荷兰90%的农民受过中等教育，12%毕业于高等农业院校；联邦德国35岁以下农民中，70%以上受过农业职业教育，35岁以上农民受过职业教育的也高达50%。可见，只有有文化、懂技术的新型农民才能提高农业生产力水平，实现经济增收，最终实现生活宽裕。

农村劳动力的转移，农民从事非农产业一般是从农村走向城市，从经济不发达的区域流向经济发达区域，在市场的竞争环境下寻找就业信息及就业机会，最优化的配置自己的有限资源，通过生产劳动，使自己有限资源的收益达到最大。这就要求农民有较强的信息获取能力、配置能力、生产能力、适应能力、流动能力、竞争能力。只有农民具备较高的素质，可使其具备在非农产业生产经营领域的基本技能，增强择业竞争力，获取更多的就业创业机会，以尽快把沉重的人口负担转化为强大的人力资源优势，为建设社会主义新农村减轻人多的巨大压力，促进农村社会经济的发展。

3.2　提高农民素质是“乡风文明、村容整洁”的需要

“乡风文明、村容整洁”就是要实现人与人之间、人与自然之间的和谐。要形成良好的乡风文明，人与人之间的和谐，就要求农民具有现代意识，也就要使农民的思想观念、精神风貌、乡风民俗、道德修养、民主意识、法制意识、能力素质等方面，都能与新农村建设的要求相适应。因此，新农村建设，既要确保农民“生产发展、生活宽裕”，又要塑造现代农民，提高农民的素质，发挥农民自身的主体性作用，去自觉地进行精神文化创造，改善农村的精神文化环境，改善乡村风气，推动新农村的精神文

① 西奥多·W. 舒尔茨. 改造传统农业. 梁小民（第4版）. 北京：商务印书馆，2006：175～175

明建设。胡锦涛主席曾经指出，社会风气是社会文明程度的重要标志，是社会价值导向的集中体现。树立良好的社会风气是广大人民群众的强烈愿望，也是经济社会顺利发展的必然要求。

要实现村容整洁，实现人与自然之间的和谐，需要对农民进行必要的环境保护宣传教育，提高农民的环保意识，改变容易造成污染的生产、生活方式，构建农村优美的人居环境。

3.3 提高农民素质是“管理民主”的前提

党的十六届五中全会指出：要“健全村党组织领导的充满活力的村民自治机制”。“管理民主”正是这一指示的体现，村民自治的主体是村民，农民素质的高低关系到村民自治建设的水平与进度。要实现“管理民主”就需要具有较强的法律、民主意识和较强的荣辱观的新型农民。随着市场经济的发展，农民的流动性增大、交易的扩大化，经济、社会关系复杂化和文明程度的提高，迫切需要农民掌握更多的法律知识。提高农民素质，可使其凭借良好的思想道德水准，用科学文化武装头脑，树立正确的世界观、人生观和价值观，成为建设社会主义新农村的中坚力量，自觉地配合党和政府做好新时期的农村工作；主动扫除封建思想，摒弃不良陋习，增强民主法制观念，杜绝违法乱纪行为，促进农村社会环境、社会风气好转，为建设社会主义新农村提供不竭的精神动力。

4 我国农民素质现状的综合评价

根据2006年中国统计年鉴，截止到2005年我国乡村人口为74 544万人，占总人口比重的57.01%。农村大量劳动力既是农村发展潜力之所在，但由于较低的综合素质，却成为了我国新农村建设的制约瓶颈。根据农民素质的概念范围，以下主要从农民的文化素质、身体素质和心理素质等方面对我国农民素质的现状进行综合评价。

国内外对人口素质定量评价进行了大量的研究，Morris等

(1979) 提出了人口素质指数 (The Physical Quality of Life Index，简称 PQLI)，它由平均预期寿命、婴儿死亡率和 15 岁以上成年人识字率等 3 个指标构成，显然不适用于全面评价的要求。联合国开发计划署从 1990 年至今一直致力于人类发展指数的测量，把它从三个基本要素 (寿命、知识、生活水平) 拓展到包含人的参与权、安全、妇女地位、贫困、消费、民主等等内容的更为广泛的人类发展概念。国内对人口素质的研究比较早，而对农民素质评价也是近些年才得到关注。张强、钱建明 (1993) 以死亡率、人均工农总产值、12 岁以上人口识字率和婴儿死亡率等 4 个指标，采用多维标度法对我国 10 个少数民族进行评价，但是指标选择过于简单。武洁、陈忠琏 (1998) 以平均预期寿命、平均受教育年限、高等教育普及率、识字率、成年人口比例、脑力劳动人口的比例为评价指标，利用国家统计局人口变动情况抽样调查数据，运用主成分分析法和聚类分析法，研究了 1997 年中国 30 个省份 (不包括西藏) 的人口素质差异。林美卿、代金平 (2003) 选取了农民平均预期寿命、农民劳动力的比率、三口以下家庭占总户数的比率、出生率、受初中以上教育人数的百分率等 5 个指标构建了农民素质评价指标体系，对农民素质进行了评价。辛贤、毛学峰、罗万纯等 (2005) 对大量已有文献的研究，从身体素质、教育素质和科技素质三个方面，较全面地建立了农民素质评价指标体系，用线性加权综合法计算得出 2003 年我国 31 个省市农民身体素质、教育素质和科技素质的综合得分，并对其排序。但是，在指标权重上应用主观赋值法，存在太大的主观性。夏永翔、卢晓 (2006) 用 15 个具体指标来反映农民身体素质、农民教育素质和农民科技与市场经济素质这三个方面，并通过因子分析法，对 31 个省份的农民素质进行评价并与农民收入进行逐步回归分析。

在前面对农民素质概念界定的基础上，综合已有的研究成果，并以社会主义新农村建设目标为指导，建立农民素质评价指标体系，鉴于目前对人口素质尚无一致的标准，本文运用层次分析法（AHP），对各指标层赋权重，在此基础上采用线性综合评价法对我国31省（市、自治区）农民素质进行评价，研究影响农民素质的因素，为提出具有针对性的对策提供科学的依据。

4.1 农民素质评价指标体系

在已有文献资料的基础上，根据社会主义新农村建设提出的“提高农民整体素质，培养造就有文化、懂技术、会经营的新型农民”的目标，以及数据的可获得性，本文将农民素质评价指标体系分为三层，即目标层（A）：农民素质，反映区域农民素质的总体特征；准则层（B_i）：身体素质（B_1）、科技文化素质（B_2）、道德心理素质（B_3）等3个指标作为农民综合素质水平及其支持能力。指标层（C_i）：①“身体素质”的解释变量为“平均预期寿命”、“农村人口死亡率”、“人均医疗保健支出”、“每千农业人口拥有医生和卫生员数”、“饮用自来水人口占农村人口比重”等5个指标，分别从生理现状、医疗、卫生等身体健康保障措施方面反映身体素质状态。②“科技文化素质”的解释变量为“平均受教育年限”、“文盲半文盲占15岁及以上人口比例”、“人均文教娱乐及服务支出”、“人均拥有专任教师”和“农业劳动生产率”等5个指标从受教育水平、教育条件和劳动技能等方面反映农民“有文化、懂技术”的程度。③现阶段，我国正处于社会的转型期，农民的心理素质主要体现在农民对现状、对未来、对传统观念与传统思维方式的态度，包括对当前改革开放的适应性和心理承受能力，对竞争意识、市场观念的认识程度，以及农民的各种行为与时代脉搏的调适程度。本文以“从事非农业产业人员占农村从业人员比重”和“城镇化水平”作为解释变量来反映农民对现状适应的心理素质。由于道德素质比较难于量化，本文将暂不讨论。具体如图1。

4.2 评价方法

（1）指标无量纲化处理。由于各个指标的量纲不同，必须对

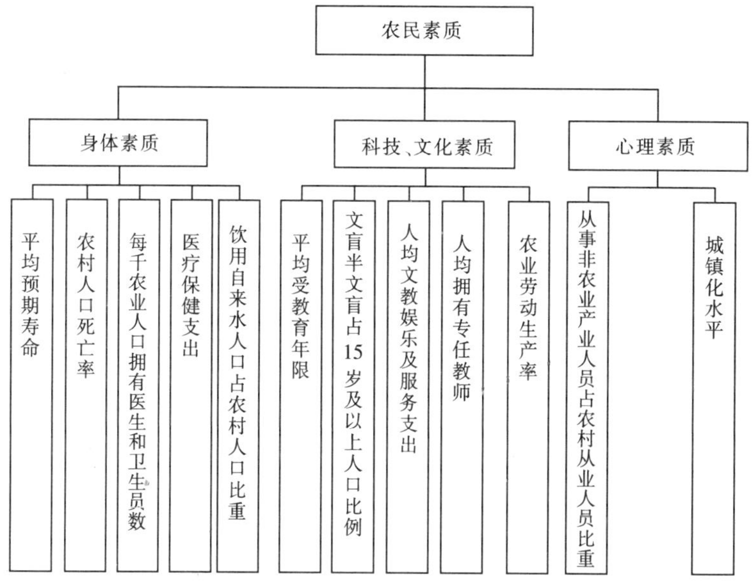

图1　农民素质评价指标体系

具有不同量纲的数据进行标准化处理。考虑到涉及的指标均为效益型或成本型指标，本文采用极值处理法对数据进行标准化处理。具体公式如下：

$$\begin{cases} X_{ij}'=\dfrac{X_{ij}-\min X_{ij}}{\max X_{ij}-\min X_{ij}} & \text{（效益型指标）} \\ X_{ij}'=\dfrac{X_{ij}-\max X_{ij}}{\min X_{ij}-\max X_{ij}} & \text{（成本型指标）} \end{cases} \tag{1}$$ [①]

其中 X_{ij}' 为正规化后的数据；X_{ij} 为样本原始数据。经正规化处理后的数据消除了量纲之间的差异，且 $X_{ij}'\in[0,1]$。根据式（1）正规化后的数据如附表1。

① 叶义成，柯丽华，黄德育．系统综合评价技术及其应用．北京：冶金工业出版社，2006：19～19.

(2) 指标权重确定。本文采用层次分析法(Analytical Hierarchy Process ,AHP)对各指标进行赋值。这种方法能有效地综合和整理人们主观的判断,并能较好地把定性分析与定量分析相结合。本文层次分析的是通过专家咨询,确定层次、指标两两之间的相对重要程度,构建判断矩阵;计算及一致性检验过程均在 DPSv7.05(Data Processing System,DPS)数据处理系统平台上完成,具体过程见参考文献[16]。计算结果见表 1。

表 1 各指标单排序及总排序权重

目标层	准则层	指标层		单排序权重 $W_{单}$	总排序权重 $W_{总}$
农民综合素质(A)	身体素质 0.258 2 (B1)	平均预期寿命	(C1)	0.398 0	0.102 8
		农村人口死亡率**	(C2)	0.304 1	0.078 5
		人均医疗保健支出	(C3)	0.078 9	0.020 4
		每千农业人口拥有医生和卫生员数	(C4)	0.103 2	0.026 7
		饮用自来水人口占农村人口比重	(C5)	0.115 8	0.029 9
	科技文化素质 0.637 1 (B2)	平均受教育年限	(C6)	0.356 9	0.227 4
		文盲半文盲占 15 岁及以上人口比例**	(C7)	0.204 6	0.130 4
		人均文教娱乐及服务支出	(C8)	0.046 7	0.029 7
		人均拥有专任教师	(C9)	0.073 6	0.046 9
		农业劳动生产率*	(C10)	0.318 3	0.202 8
	心理素质 0.104 7 (B3)	从事非农业产业人员占农村从业人员比重	(C11)	0.750 0	0.078 5
		城镇化水平	(C12)	0.250 0	0.026 2

注:一致性检验结果:AB层,CR=0.037 3;B_1C_i,B_2C_i,B_3C_i层分别为CR_1=0.080 3,CR_2=0.066 7,CR_3=0.000 0。当 CR<0.10 时,认为层次总排序或判断矩阵的一致性较好,可以接受[16]。

* 农业劳动生产率=农业 GDP/农业劳动力人数。

* * 表示成本型指标。

（3）评价方法。农民素质评价指标体系中指标原始数据的无量纲处理和单项指标权重的确定，为综合评价某一区域的农民素质水平奠定了基础。为了得到各目标层和准则层，即农民综合素质、身体素质、科技文化素质和心理素质的独立的评价结果，本文对采用线性加权综合法进行评价，这种方法不仅简便而且有利于下一步对各个不同的影响因素进行独立分析。

用 T 表示农民素质评价值，则评价值计算公式为：

$$T_i = \sum W_i \cdot Y_i \tag{2}$$

其中，T_i为第 i 项指标的评价得分，T_i值越大，农民素质水平越高；W_i表示第 i 项指标的权重；Y_i则为具体指标无量纲处理的值。

4.3　数据来源

本文的数据主要来源于权威统计机构或部门发布的公报和年鉴，主要包括《2006 年中国统计年鉴》、《2006 年中国农村统计年鉴》、《2006 年中国农业统计年鉴》、《2006 年中国人口统计年鉴》、《2005 年中国教育统计年鉴》、《2006 中国卫生统计年鉴》、《中国 2000 年人口普查资料》（光盘版）等。

4.4　评价结果及分析

根据表 1 及公式（2），计算结果如表 2。

表 2　全国 31 省、市、自治区农民综合素质、身体素质、科技文化素质及心理素质评价得分及排序

省、市、自治区	综合素质		身体素质		科技文化素质		心理素质	
	指数	排序	指数	排序	指数	排序	指数	排序
北京市	0.894 7	1	0.699 8	2	0.974 6	1	0.887 5	2
天津市	0.795 9	3	0.683 6	3	0.857 3	3	0.697 5	4
河北省	0.635 4	12	0.540 1	12	0.710 5	10	0.412 5	11
山西省	0.548 3	17	0.528 2	13	0.588 0	21	0.355 0	15
内蒙古自治区	0.563 4	15	0.426 2	23	0.680 7	14	0.187 5	29

（续）

省、市、自治区	综合素质		身体素质		科技文化素质		心理素质	
	指数	排序	指数	排序	指数	排序	指数	排序
辽宁省	0.681 1	5	0.485 1	16	0.803 3	4	0.420 0	10
吉林省	0.661 0	7	0.601 7	7	0.752 0	7	0.252 5	23
黑龙江省	0.639 0	8	0.683 4	4	0.685 2	13	0.247 5	24
上海市	0.848 2	2	0.718 8	1	0.875 5	2	1.000 0	1
江苏省	0.711 5	4	0.578 0	10	0.774 3	6	0.657 5	5
浙江省	0.659 6	9	0.478 5	17	0.718 5	9	0.747 5	3
安徽省	0.456 4	26	0.482 9	18	0.464 3	26	0.342 5	16
福建省	0.654 9	10	0.635 6	5	0.691 3	11	0.480 0	7
江西省	0.527 7	21	0.413 3	24	0.598 2	19	0.380 0	14
山东省	0.624 3	13	0.560 8	11	0.677 7	15	0.455 0	8
河南省	0.522 8	22	0.506 0	15	0.573 5	22	0.255 0	21
湖北省	0.575 6	16	0.463 9	21	0.647 6	16	0.412 5	12
湖南省	0.532 9	20	0.436 9	22	0.612 8	17	0.282 5	19
广东省	0.651 5	11	0.585 3	9	0.691 1	12	0.572 5	6
广西壮族自治区	0.544 5	19	0.521 4	14	0.600 5	18	0.260 0	22
海南省	0.668 8	6	0.599 9	8	0.774 4	5	0.195 0	27
重庆市	0.478 7	24	0.356 0	28	0.536 6	24	0.427 5	9
四川省	0.462 8	25	0.370 6	27	0.522 6	25	0.325 0	17
贵州省	0.255 6	31	0.140 9	31	0.304 6	31	0.240 0	26
云南省	0.297 7	30	0.165 1	30	0.392 0	28	0.050 0	31
西藏自治区	0.112 5	32	0.081 1	32	0.130 1	32	0.082 5	30
陕西省	0.479 8	23	0.413 8	25	0.540 0	23	0.275 0	20
甘肃省	0.378 9	28	0.383 2	26	0.406 5	27	0.200 0	28
青海省	0.329 0	29	0.337 2	29	0.339 3	30	0.245 0	25

（续）

省、市、自治区	综合素质		身体素质		科技文化素质		心理素质	
	指数	排序	指数	排序	指数	排序	指数	排序
宁夏回族自治区	0.433 7	27	0.606 5	6	0.386 3	29	0.295 0	18
新疆维吾尔自治区	0.601 3	14	0.483 0	19	0.740 9	8	0.042 5	32
全　国	0.536 2	18	0.470 9	20	0.588 2	20	0.380 0	13

根据表2评价指标的得分，将31个省、市、自治区“农民综合素质得分”作为聚类样本，应用SPSS13.0提供的分层聚类法，把31个省、市、自治区分为6类，聚类结果为：

第1类：北京市、天津市、上海市；

第2类：河北、辽宁、吉林、黑龙江、江苏、浙江、福建、山东、广东、海南；

第3类：山西、内蒙古自治区、江西、河南、湖北、湖南、广西、新疆；

第4类：安徽、重庆、四川、陕西、甘肃、宁夏回族自治区；

第5类：贵州、云南、青海；

第6类：西藏自治区。

结合表2及分类结果，可以得到以下结论：

（1）第一类地区：三个市均属于经济发达地区，从评价得分看出，北京市、上海市、天津市3个市的农民综合素质得分为0.89、0.85、0.80，居全国前3位。身体素质、科技文化素质及心理素质评价得分均高于我国其他地区。社会经济发达是教育、营养、卫生及医疗等条件的有力保障。城镇化水平高，使农民能够接触新鲜的事物，解除传统思想的禁锢，对农民心理素质的提高有着重要的影响。进一步提高农民科技文化素质，培养掌握新技术农民，加快农村城镇化，是这3个地区在社会主义新农村建设中的工作重点所在。

(2) 第二类地区：共有10个省，均属于东部经济较发达地区。这些地区的农民综合素质排名均高于全国平均水平，综合素质得分在0.62～0.71之间。该地区的优势具体表现为大部分省市的城镇化水平和农民的科技文化素质、身体素质相对较高。但是部分发达地区的文盲半文盲的比重却偏高，例如江苏、浙江、福建这三个省文盲半文盲的比重较其他发达省市高，这与该地区发达的经济是不协调的，扫盲工作仍然不能放松。海南、吉林和黑龙江的城镇化水平较低。利用较好的经济基础，发展教育，加大农村人力资本投入，提高农民文化素质；发挥较好的区位优势，如东北老工业区、沿海经济特区，加快农民劳动力转移，促进农民职业转化，是这些地区新农村建设的巨大动力。

(3) 第三类和第四类地区：均属于中西部地区的省（自治区），共14个。这些地区经济欠发达，农村的社会经济落后，我国农村的贫困人口也主要分布在这些地区，农村的教育、卫生和城镇化水平低，严重影响该地区农民素质的提高。该地区集中了我国劳动力输出的主要省（自治区），如江西、河南、湖北、湖南、安徽、重庆、四川等。该地区提高农民素质应该加强农村人力资源开发，开展农民职业技术培训，培养适应市场需求的农村劳动力，促进农村劳动力转移，促进经济的发展，利用经济增长来拉动农民素质的提高。

(4) 第五类和第六类地区：共有4个省（自治区），均属于经济不发达的西部地区，其综合得分和大部分指标得分均落后于其他地区，甚至低于全国的平均水平。不利的区位、自然资源开发利用的不足和薄弱的经济基础等因素制约着农民素质的提高。可以说，提高该地区农民的素质将是一项长期而艰巨的任务。

5　目前我国农民素质存在的主要问题

5.1　农村人口科学文化素质不高

农村劳动力人口文化素质总体水平不高，人力资本存量低，这是我国农民素质现状的一大特征。由于我国长期以来存在的城乡分治的战略，国家教育经费向城镇倾斜，农村义务教育处于供给相对不足、教育质量低下，从而影响农民的文化素质水平。改革开放以来，我国大力落实扫除青壮年文盲，普及九年制义务教育和大力发展高等教育等措施所取得的成果，人口文化素质和科学技术水平有了很大提高。但从总体上看，劳动力文化素质和技术水平仍然很低。

（1）农村文盲半文盲人口比重大。根据第五次人口普查资料表明，截止到 2000 年，农村人口从 1978 年的 8.03 亿，增加到 2000 年第五次人口普查时的 8.07 亿，占总人口的 63.78%。全国省、自治区、直辖市文盲半文盲人数占 15 岁及 15 岁以上人口的百分比为 6.72%，其中城镇文盲率为 4.04%，而农村为 8.25%[22]，也就是说农村人口中的文盲半文盲人数比城镇多一倍。

（2）平均受教育年限低。人均受教育年限是指某一人口群体人均接受学历教育包括成人学历教育不包括各种非学历培训的年数，按现行学制为受教育年数计算人均受教育年限即大专以上文化程度按 16 年计算，高中及中专文化程度 12 年，初中文化程度 9 年，小学文化程度 6 年，文盲为 0 年，按此系数计算的平均受教育年限如表 3。

表 3　我国农村劳动力文化水平比重及受教育年限

年份	不识字或识字很少/%	小学程度/%	初中程度/%	高中程度/%	中专程度/%	大专及大专以上/%	平均受教育年限*/年
1990	20.73	38.86	32.84	6.96	0.51	0.1	6.20
1995	13.47	36.62	40.1	8.61	0.96	0.24	6.99

（续）

年份	不识字或识字很少/%	小学程度/%	初中程度/%	高中程度/%	中专程度/%	大专及大专以上/%	平均受教育年限*/年
1996	11.23	35.52	42.83	8.91	1.20	0.31	7.25
1997	10.1	35.12	44.3	8.91	1.24	0.33	7.37
1998	9.56	34.49	44.99	9.15	1.46	0.37	7.45
1999	8.96	33.66	46.05	9.37	1.57	0.39	7.54
2000	8.09	32.22	48.07	9.31	1.83	0.48	7.67
2001	7.87	31.14	48.48	9.65	1.94	0.51	7.70
2002	7.59	30.63	49.33	9.81	2.09	0.56	7.80
2003	7.39	29.94	50.24	9.68	2.11	0.64	7.84
2004	7.46	29.20	50.38	10.05	2.13	0.77	7.87
2005	6.87	27.23	52.22	10.25	2.37	1.06	8.02

资料来源：根据1996—2006年《中国农村统计年鉴》相关数据整理。

*平均受教育年限＝ $\sum_{i=1}^{6} P_i X_i$ ，其中 P_i 是某一文化水平劳动力的比重；X_i 是某一文化水平的受教育年限。

由表3可看出，农村人口平均受教育年限虽然呈增长趋势，2005年平均受教育年限为8.02年，比1990年增加了1.82年。从受教育水平看，我国农村劳动力平均受教育年限低，文化水平大多集中于初中及以下水平，比重高达86.32%。

从受高等教育比例来看，农村也远远落后于城镇。根据有关部门对2004年人口变动情况抽样调查结果显示，2004年乡村各种文化程度的人口占6岁及以上人口的比重情况，即“不识字或识字很少、小学、初中、高中、大专、大学本科、研究生”等教育水平占6岁及以上人口的比重分别依次为11.81%、39.89%、40.83%、6.58%、0.75%、0.14%、0.00%；而城镇的比重则为5.43%、21.79%、37.13%、23.00%、8.38%、4.03%、0.23%[20]。高中及以上文化水平的比例远远落后于城镇，分别少16.42%、7.63%、3.89%和0.23%。

(3) 职业教育、成人教育发展落后。目前我国农村地区职业教育和成人教育处于一种困境之中：一方面教育资源比较匮乏，办学效益低下，招生规模不断缩小。从2001年到2005年，农村成人文化学校数从49.64万所下降到1 6.66万所，农民教育和培训的教职工数从41.35万人下降到25.07万人。农民实用技术培训规模也逐年缩小，从2001年的年培训8 732.31万人次下降到2005年的4 793.18万人次，不少地方农村成人教育出现发展缓慢甚至弱化的趋势，农民培训的师资力量相对不足[24]。随着农村职业教育滑坡，部分地区压缩农村职业教育的规模，职业学校与普通高中合并，甚至改办普通高中，使得农村职业教育的规模进一步下滑。

另一方面教学内容和教学手段与现实脱节，难以适应新时期劳动力市场的需要。造成农民职业教育和培训与劳动力市场衔接欠佳主要有两个原因：一是农村职业教育和农民培训的教育体系的保障措施落后。条件不足、水平落后，教育培训与市场需求不适应。二是一些培训内容比较简单，且只重形式和数量，没有注重实际效果。由于受经费和条件限制，多数培训只能进行一些简单的培训项目，这直接限制了农民接受培训的选择范围和能力的提升。还有一些部门和培训机构没有以提高农民劳动力素质为真正出发点，没有把培训的内容和质量作为重点，使一些培训项目流于形式，相应地受训农民的劳动技能也就不能满足市场的需求。

5.2 农民身体素质不高

身体素质是劳动者素质的自然条件和物质基础，是农业劳动者的自然属性。它是衡量劳动力素质高低的一个重要指标，可以反映出一个国家国民的生活质量、生存质量以及医疗保健水平。新中国成立以来，中国农村人口身体素质总体提高明显，但相对城镇或发达国家，情况仍不容忽视。我国农村居民身体素质不高，主要表现在以下两个方面。

（1）出生人口素质低。出生人口素质是人口素质的基础，也是先决条件，出生人口素质高低直接影响到未来人口素质。目前我国农村出生人口素质低具体体现在：

第一是婴儿死亡率偏高。婴儿死亡率是指某年每 1 000 名活产婴儿中有多少个在 1 岁前死亡。它可以很好地反映出人口的医疗健康水平。据妇幼卫生监测数据显示，2005 年全国婴儿死亡率由 2000 年的 32.2‰下降到 19.0‰；5 岁以下儿童死亡率由 39.7‰下降到 22.5‰；孕产妇死亡率由 53.0/10 万下降到 47.7/10 万。而农村的婴儿死亡率为 21.6‰，是城市 9.1‰的 2.4 倍；农村的孕产妇死亡率为 53.8/10 万，是城市 25/10 万的 2.2 倍；农村的 5 岁以下儿童死亡率为 25.7‰，是城市 10.7‰的 2.4 倍。

第二是出生婴儿缺陷率高。据中国妇幼卫生监测网监测结果显示，2001—2006 年全国出生缺陷发生率分别为 104.9/万、111.2/万、129.8/万、128.4/万、139/万和 145.5/万，上升趋势明显。另据国家人口发展战略研究报告，全国每年约有20 万～30 万肉眼可见先天畸形儿出生，加上出生后数月和数年才显现出来的缺陷，总数高达 80 万～120 万，约占每年出生人口总数的 4%～6%，这就意味着我国每 30 秒就有一个缺陷儿出生，而且间隔时间在逐年缩短。在全国 8 296 多万残疾人中，由于先天原因造成的残疾占到 20%左右。影响出生人口素质的因素中，遗传因素占 25%，环境因素占 15%，其他因素 60%，主要包括遗传因素与环境因素相交叉的因素、营养因素、心理因素、保健技术因素以及未知因素，等等。目前，农村经济条件落后，营养条件差，农民健康意识不高，由农药、化肥、添加剂造成的环境污染等，正威胁着农村居民，这也必然导致有较高的出生婴儿缺陷率。

（2）预期寿命短。预期寿命是指，假若当前的年龄死亡率保持不变，一个人预期能继续生存的平均年数。它是一个综合性较强的指标，既能反映社会、经济的进步状况和医疗水平的发展状况，也能从一个侧面反映人们的营养状况和生活质量的改善情况。出生预期寿命是最常用的预期寿命指标。它是度量当前健康状况的一个很好的指标。随着我国经济的发展，人民生活质量的提高，我国人口预期寿命呈现上升的趋势。根据第五次人口普查结果，2000 年我国人口的预期寿命为 71.40 岁，比 1990 年的 68.55 岁增加了 2.85 岁。其中男性为 69.63 岁，女性为 73.33 岁；分别比 1990 年的 66.84 岁和 70.47 岁增加了 2.79 岁和 2.86 岁。由图 2 可以看出，与发达国家或地区相比我国人口出生预期寿命相对比较短。必须指出的是，发展中国家的平均预期寿命较低，主要是由婴儿死亡率较高造成的。对农村来说，相对落后的生活质量和医疗条件，必然造成的高婴儿死亡率，同时各种疾病得到有效治疗的机会也很少，导致农民的预期寿命较城镇短。因此，要提高农民的身体素质，必须提高农村生活质量，改善医疗条件。

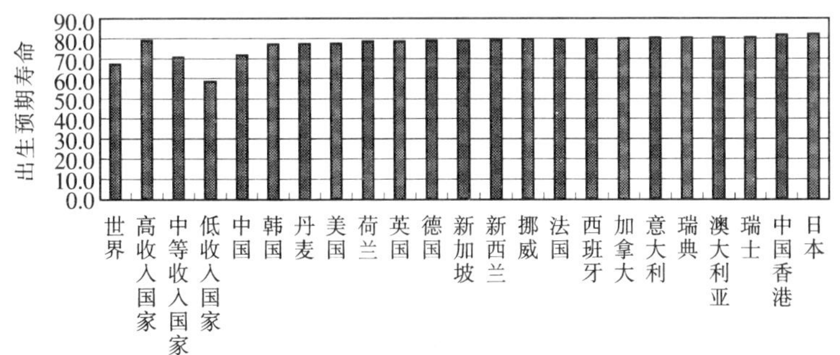

图 2　世界部分国家（地区）人口出生预期寿命

资料来源：根据《国际统计年鉴 2005》（光盘版）“中人文发展指数（2003 年）”整理，该指数来源于联合国开发计划署《人文发展报告》，2005 年。

5.3　思想观念落后，思想道德不高，心理素质偏低

新农村建设，不但需要农民有物质技术基础，而且要具备较高的思想道德素质，思想道德素质是社会生产力正常运行的重要

保证。人的思想道德素质本质上是社会意识形态在人口群体上的体现。我国的农业生产历史悠久，随着社会经济的发展，农民传统的思想意识与社会主义市场经济的新形势不相适应。存在的主要问题：一是传统小农经济观念比较浓厚，大部分农民仍然过着“日出而作、日入而息”、“鼓腹无所思、朝起暮归眠”的传统社会生活，开拓进取意识差。二是农民闭关自守的思想观念、根深蒂固的陈旧习俗，为农民进入市场形成了自我封闭的屏障。三是农民信息意识淡薄，对千变万化的市场和众多的信息不会加以分析和判断，尤其体现在对市场信息反应迟钝和滞后上，极易造成生产和销售盲目性，一哄而上或一哄而下这种农民行为趋同现象是这一原因的表现形式。四是农民法律观念不强，契约意识差，人情关系往往取代法律、契约关系。五是消费上，注重物质消费，轻视精神消费，缺乏必要的文化生活。

心理素质也是衡量人口组织的重要指标。心理素质是决定能否正确运用智力并最终取得成功的关键。只有具备良好的心理素质，树立科学的世界观，建立自信心，才能在各种人际交往及工作中运用自如。心理素质不仅对个人的品质、人格和情操会产生巨大的影响，同时也会影响智力发展，影响其他各项素质正常发展。农民的心理素质的高低主要体现在农民对现状、对未来、对传统观念与传统思维方式的态度，包括对当前改革开放的适应性和心理承受能力，对竞争意识、市场观念的认识程度，以及农民的各种行为与时代脉搏的调适程度。但是，我国城镇化水平低，大部分的农民还是处于比较闭塞的生活状态，其心理很难适应改革带来的巨大变化，这也将影响到农村劳动力转移和城镇化的进程。

6 大力提高农民素质，促进社会主义新农村建设

提高农民整体素质，是发展农村经济，增加农民收入，实现农业和农村现代化，从根本上解决我国农业、农村和农民问题，

是建设社会主义新农村的基础。农民素质的提高，有助于提高农村劳动力的劳动生产率和增加收入的能力，有助于增强农民群众妥善处理农村社会矛盾、管好农村事务、维护农村社会稳定的能力，最终实现“生产发展、生活宽裕、乡风文明、村容整洁、管理民主”的目标。

通过对我国农民素质现状的定性分析和定量综合评价，能更准确地发现我国农民素质存在的薄弱环节，为提出更加具有针对性的措施提供了可靠的依据。建设社会主义新农村需要有“有文化，懂技术，会经营”的新型农民，这要求农民的素质要得到全面的提高。提高农民素质是从根本上解决我国新时期“三农”问题的一条重要战略途径。

6.1 大力发展教育事业，提高农民科技文化素质

农民科技文化素质是农民自身全面素质形成的基础，也是不断提高农民生产技能素质和思想道德素质的基本前提。我国农民文化程度低，直接影响着他们接受新知识和各种信息的能力，制约着他们的思维水平和农村经济社会的发展。教育对于提高人口素质，促进经济增长的贡献，已经为国内外的研究者所认可。坚持教育优先发展，充分开发人力资源是新农村建设的发展战略。

（1）强化农村基础教育，提高农民基础文化素质。基础教育既是提高农民素质的基础，更是为广大劳动者奠定基本素质的关键环节。基础教育的普及程度和扫盲教育的质量优劣直接关系到物质文明和精神文明建设的进程，关系到新农村建设的实现程度。因此，要确保农村义务教育阶段适龄儿童和青少年学习发展的基本权利，坚持基础教育面向农村全体学生，通过深化农村教育改革，进一步强化农村基础教育的普及意识，克服农民在教育投入中的“短视”行为。只有使全体农村儿童和青少年基本素质都得到普遍提高，才能达到普遍提高未来我国农民队伍整体素质的目的。

而现阶段，农村教育发展的制约瓶颈是教育经费问题。改革和完善农村教育经费的投入体制是目前农村基础教育的首要问题，把农村的教育经费比例纳入全国教育经费比例中，逐步扭转基础教育由农民负担的状况，实施真正的九年制义务教育，这是提高农民素质的保障。

（2）加强农村职业教育和农民技能培训，提高农民科学技能素质。农民职业转化是农村经济结构调整的必然要求和发展趋势。农民的职业转化问题已成为制约我国农村经济发展的瓶颈，而我国农民整体较低的技能素质水平又制约着农民的职业转化。因此，发展农村职业教育，加强农民技能培训，提高农民素质，是促进农民职业转化、推动农村经济结构调整的前提和基础。温家宝总理在2003年召开的全国农村教育工作会议上曾指出，要彻底转变鄙薄职业教育的传统观念，使农村职业教育在今后几年有一个较大发展。在2006年全国职业教育工作会议上的讲话又指出，大力发展职业教育，是促进社会就业和解决“三农”问题的重要途径。

推进我国农村职业教育和农民培训的主要措施：首先，增加对农村职业教育和农民培训的财政投入，将教育经费更多向农村和农民倾斜。农村职业教育、成人教育、农民培训同普通教育一样，具有很强的公共性和外部性，政府财政应积极支持，尤其是在我国农村职业教育和农民培训发展投入严重不足的情况下，政府更应从财力上加大支持力度。我国农村劳动力转移培训任务艰巨，也需要加大对农村的支持力度。根据《2003—2010年全国农民工培训规划》要求，我国从2006—2010年，要对拟向非农产业和城镇转移的5 000万农村劳动力开展引导性培训，并对其中的3 000万人开展职业技能培训。同时，对已进入非农产业就业的2亿多农民工开展岗位培训。据农业部门推算，仅就完成农村劳动力转移前5 000万人的引导性培训和3 000万人的职业技能培训任务看，按照开展引导性培训人均100元、职业技能培训人均600元计算，共需资金230亿元左右。这都需要国家和地方政府在将农民工培训经费纳入公共财政预算并逐步增加预算支出。

其次，坚持“学用结合，按需施教”的原则发展农村职业教育和开展农民培训。发展职业教育的最终目的是，根据农村实际需要培养有文化、懂技术、会经营的新型农民，进而促进其务工就业和农村劳动力转移。因此，农民职业教育、培训要根据市场需要，针对农民多样化的需求，开展具有实用性的教育和技能培训。

6.2　健全农村医疗保障体系，提高农民身体素质

(1) 加强妇幼保健工作实施力度，切实提高出生人口素质。出生人口素质的高低直接影响到未来人口素质全面的发展，而妇幼保健工作则肩负着促进妇女儿童健康、提高出生人口素质的重要使命。因此，发展妇幼卫生事业，提高妇女儿童健康水平，是高素质人口的基本保障。普及优生优育知识，开展婚前医学检查、产前诊断、遗传咨询、新生儿疾病筛查和儿童疾病综合管理等预防性技术服务。加强孕产期保健，提倡住院分娩和母乳喂养。这些是提高妇幼保健水平，减少产伤，降低出生缺陷发生率的有效途径。

目前我国农村医疗条件差，农民观念落后制约着农村妇幼保健工作的开展。因此，首先要提高农民保健意识。通过多层次、多形式、广覆盖的健康教育，提高农村群众对妇女儿童保健知识的知晓率。通过电视、广播、报纸及保健单位的健康教育大课堂（孕妇学校、家长学校等）和健康展版等群众喜闻乐见的方法开展健康教育，提高农民对妇幼保健重要性的认识，逐渐形成自觉婚检、定期产前检查、住院分娩、儿童定期体检的新风尚。

其次，要加强政府重视与扶持。妇幼保健工作涉及到经济、文化、技术和管理等多个领域，需要计划、财政、宣传、教育、计生等部门的协作，是一个复杂而庞大的社会系统工程，仅仅依靠卫生系统是无法实现的，必须取得各级政府的支持和有关部门的协同配合，才能统筹规划，全面安排。如“免费婚检”、“贫困孕产妇救助”等项目的实施都需要政府的重视与支持。

(2) 大力推广农村新型合作医疗制度，提高人口健康素质。缺乏与我国农村经济相对落后相适应的医疗体系，这是导致公共卫生供给短缺，医疗价格大幅度攀升，农村不少地方出现了因病致贫、因病返贫的现象主要原因之一。因此，建立、健全适合农村实际情况的医疗保障体系是提高我国农村人口素质的保障。新型的农村合作医疗制度是农村医疗保障的基本形式。在农村医疗保障体系中占有重要地位，是融自我保障与社会互助相结合的医疗保障制度。根据我国地区经济发展不平衡的特点，建立多层次、多形式的农村医疗保障制度，将是一条有效的途径。新型农村合作医疗制度兼具社会保险和商业保险的特征。长江三角洲发达地区在政府主导及财政支持下。新型农村合作医疗制度正在由试点地区逐渐推开。而在西部地区，政府应加大扶持力度。通过对口重点支援西部县级医疗机构和乡镇中心卫生院建设，各个省组织辖区内市（地）级以上医疗卫生机构，建立对口支援和巡回医疗制度，支援本省农村贫困地区的医疗卫生工作。

据报道，截至 2007 年 3 月 31 日，我国开展新型农村合作医疗的县（市、区）达到2 319个，占全国总县（市、区）的 81.03%，覆盖农业人口 7.99 亿，占全国农业人口的 91.93%，参加合作医疗人口 6.85 亿，占全国农业人口的 78.78%，参合率为 85.70%。从受益情况看，2007 年第一季度全国累计受益 7 418.19万人次。其中，住院补偿 553.40 万人次，门诊补偿 5 822.80万人次，其他补偿 122.28 万人次，体检 919.71 万人次。中西部地区累计受益4 024.08万人次，其中，住院补偿 376.48 万人次，门诊补偿3 084.97万人次，其他补偿 64.80 万人次，体检497.83万人次。

6.3 加强精神文明建设，提高农民的思想道德素质

（1）要抓住根本，引导农民树立与市场经济相适应的新观念。以宣传科学发展观为重点，引导农民树立全新的发展理念。要采取多种手段在广大农村广泛开展科学发展观宣讲，改变农民把发展局限为单纯的经济发展，等同于自给自足的小农意识的错误观念，帮助农民树立先进的发展理念，努力把科学发展观的要求转化为谋划新农村建设的正确思路，为新农村建设提供原动力、支撑力。

（2）以开展社会主义荣辱观教育为重点，帮助农民提高思想道德素质。要在农村扎实开展社会主义荣辱观教育，认真实施公民道德建设工程，大力弘扬以爱国主义为核心的民族精神、以改革创新为核心的时代精神和以勤劳、友善、诚信为核心的传统美德，积极引导广大农民崇尚科学，革除陋习，移风易俗，形成科学、健康、文明的生活方式和社会风尚。

（3）以弘扬自强不息精神为重点，引导农民摒弃“等、靠、要、看”思想。建设社会主义新农村最关键的是激发、调动、发挥农民参与建设的积极性。因此，必须大力弘扬自强不息的民族精神，引导农民自力更生、艰苦奋斗，彻底克服“等、靠、要、看”思想，激励农民热爱家乡，积极投身于新农村建设的伟大实践中来，鼓励农民通过辛勤劳动和聪明才智改变自己的命运，建设好自己的家园。

（4）加强法制建设，提高农民法律意识。乡风文明是社会主义新农村建设的目标之一，当前，农民法制观念仍然比较淡薄，农村社会治安仍然比较混乱，违法现象比较严重。为此，必须加强法制教育，重视法制建设。要使农民学法、知法、守法，学会用法律保护自己。

首先，各级部门要开展法制宣传教育，提高民主法律意识。尤其是跟农民生产、生活密切相关的法律法规，如农业法、种子法、农业保险法、信托法、民办教育法、农业价格法、婚姻法和社会主义市场经济法律知识等，更要加强宣传和教育。

其次，加大执法力度，净化社会风气。增强法制宣传和执法力度，整治农村社会治安，为农民群众提供一个安居乐业的生活环境，真正实现乡风文明。

最后，加快“三农”的立法步伐。建设社会主义市场经济以来，全国人大及其常委会虽然加快了立法的步伐，但农村立法，特别是对农民利益的保护立法，还跟不上社会发展的要求。在呼唤农民学法、守法，提高其法律意识的同时，还应同时加快“三农”的立法工作，如制定农民教育法、农民负担法、农村土地使用法、农业科技人才保护法、农村养老保险法、村镇建设规划法、农村医疗保障法、农业投资法等法律法规，保障农民利益。

6.4 统筹城乡发展、区域发展，提高农民素质

促进城乡经济一体化，加快区域间各种生产要素的流动，通过城乡交流、区域之间的交流能大大提高农民素质。农村劳动力通过转移，在城乡交流过程中开阔了眼界，更新了观念，学到了新的知识技能，自身素质得到了迅速提高。返回农村后，大多数都成为了农村社会的中坚力量，他们利用在外见多识广的优势，向家乡传递致富经验，提供经济技术信息，为本地经济发展注入了活力。城市和城市经济向农村地区的扩展也对农民素质提高具有很大影响，农民在与城市经济组织接触的过程中，思想观念、道德水平、生产技能都获得了很大变化，自身素质也有明显提高。

农村城镇化的推进过程，是农业人口改变自身陈旧观念和城市现代价值观念在农村的扩散过程。城乡之间的资金、技术、人才、信息等生产要素的交流，促进农村生产环境、工作环境、生活环境的不断改善，促进农村人口传统的思想观念和价值趋向朝着现代文明转变，使农村人口整体素质不断提高。实行城乡之间双向开放的这种城乡融合的发展模式，是改变农村面貌、提高农

民素质的重要途径。这是最好的农民素质教育形式之一。

7 小结

党的十六届五中全会提出建设社会主义新农村的历史任务，这充分体现了党和政府对“三农”问题的高度重视。农民作为生产过程中最活跃的因素，以人为本，提高农民素质，是建设社会主义新农村的最本质的内涵。目前，对农民素质的研究正逐步得到人们的关注和重视，这将为提高农民素质提供更多的科学依据和建设性思路。本文在对大量文献资料进行归纳、分析的基础上，用定性和定量相结合的方法，对我国农民素质的现状进行分析和综合评价，并针对性地提出了提高农民素质的对策和措施，具有现实参考价值。

需要指出的是，本文对全国 31 个省（市、自治区）农民素质评价的结果与现有的研究成果有一致之处，但仍存在诸多不足亟待改进，尤其是在建立农民素质评价指标体系方面，存在实际困难。由于农民素质评价指标选择的恰当与否将直接影响到评价结果的真实性、客观性和科学性，而在实际评价过程中，由于有些指标难于定量说明，有些指标的数据难于获得，部分指标不能完全反映问题的本质，等等，这就必然导致要建立一套完整的、客观的、科学的评价指标体系往往是非常困难的。这些问题，应成为今后进行社会主义新农村建设研究的重点所在。

参考文献：

[1] 张文．现代农民素质教育浅析．湖南师范大学硕士学位论文，2004 年 4 月

[2] 穆光宗．中国人口素质问题研究［EB/OL］．http：//www.cpirc.org.cn/yjwx/yjwx_detail.asp? id=35，2002-10-08

[3] 夏守财，赵德江．论新农村建设中农民素质的提高问题．见：刘斌，张兆则，霍功．中国三农问题报告．北京：中国发展出版社，2004

[4] 蔡昉．2001 年：中国人口问题报告——教育、健康与经济增长．北京：社会科学文献出版社，2000

[5] 中华人民共和国国家统计局．中国统计年鉴 2006. 北京：中国统计出版社，2006

[6] 辛贤，毛学峰，罗万纯．中国农民素质评价及区域差异．见：Morris, M. D.: Mensuring the Condition of the World's Poor: the Quality of Life Index, New York: Pergamon Press, 1979

[7] 张强，钱建明．用多维标度法评价中国少数民族人口素质．中国卫生统计，1993，10（6）：1～4

[8] 武洁，陈忠琏．我国各地区人口素质差异的主成分和聚类分析．数理统计与管理，1998，17（6）：41～47

[9] 林美卿，代金平．农民素质及其科学评价体系．沈阳农业大学学报：社会科学版，2003，5（3）：265～267

[10] 辛贤，毛学峰，罗万纯．中国农民素质评价及区域差异．中国农村经济，2005，（9）：4～9，55

[11] 夏永翔，卢晓．新时期农民素质评价体系与农民收入研究．人口与经济，2006，（6）：31～36

[12] 侯亚非．人口质量与经济增长方式．北京：中国经济出版社，2005，83～129

[13] 钱金平．人口素质灰色综合评价方法的研究．中国人口科学，2001，（3）：66～69

[14] 陈友华．人口现代化评价指标体系研究．中国人口科学，2003，（3）：60～66

[15] 张吉军．现代决策分析方法及其应用．成都：四川大学出版社，2001，124～143

[16] 唐启义，冯明光．DPS 数据处理系统—实验设计、统计分析及模型优化．北京：科学出版社，2006：959～963

[17] 中华人民共和国国家统计局．中国农村统计年鉴．北京：中国统计出版社，1996—2006

[18] 中华人民共和国农业部．中国农业统计年鉴 2006. 北京：中国农业出版社，2006

[19] 国家统计局人口和社会科技统计司．中国人口统计年鉴 2003. 北京：

中国统计出版社，2003：262
[20] 中华人民共和国教育发展规划司．教育统计年鉴 2005．北京：人民教育出版社，2005
[21] 中华人民共和国卫生部．2006 年中国卫生统计年鉴 [DB/OL]．http：//www.moh.gov.cn/newshtml/17221.htm，2006－12－29
[22] 国家统计局人口和社会科技统计司．中国 2000 年人口普查资料 [M/CD]．北京：中国统计出版社，2002
[23] 余建英，何建洪．数据统计分析与 SPSS 应用．北京：人民邮电出版社，2003，264～269
[24] 国务院发展研究中心“推进社会主义新农村建设”课题组．新农村建设中的农村职业教育与农民培训．调查研究报告，2007，（19）：1～21
[25] 美国人口咨询局．人口手册（第四版）[EB/OL]．http：//www.cpirc.org.cn/rkcd/rkcd_detail.asp? id＝102，2002－11－01
[26] 晓明．2005 年我国农村孕产妇及婴儿的死亡率是城市的 2 倍多 [EB/OL]．http：//www.zj.xinhuanet.com/newscenter/2006－11/17/content_8540209.htm，2006－11－17
[27] 傅立波．出生缺陷给国家造成沉重负担 [EB/OL]．http：//health.people.com.cn/GB/6312612.html，2007－9－25
[28] 中华人民共和国国家统计局．国际统计年鉴 2005 [M/CD]．北京：中国统计出版社，2005
[29] 李小健．浅议新世纪农民素质问题．陕西农业科学，2003，（5）：58～62
[30] 牛妍．以构建农村医保制度推进“新农村建设”．内蒙古农业科技，2006，(4)：15～16
[31] 宋绮霞．中国 6.85 亿农民参加合作医疗 占农业人口 78.78% [EB/OL]．http：//www.chinapop.gov.cn/rkzh/rk/tjzlzg/t20070627_143204437.html，2007－06－27

附表 1　指标无量纲化处理结果

省、区、市	平均预期寿命	农村人口死亡率	人均医疗保健支出	每千农业人口拥有医生和卫生员数	饮用自来水人口占农村人口	平均受教育年限	文盲半文盲占 15 岁及以上人口比例	人均文教娱乐及服务支出	人均拥有专任教师（普通初中）	农业劳动生产率	从事非农业产业人员占农村从业人员比重	城镇化水平
北京市	0.85	0.33	0.89	0.75	0.98	1.00	0.96	0.85	0.86	1.00	0.88	0.91
天津市	0.77	0.59	0.26	0.73	0.88	0.84	0.97	0.33	0.95	0.86	0.67	0.78
河北省	0.59	0.39	0.17	0.77	0.81	0.82	0.96	0.22	0.62	0.52	0.49	0.18
山西省	0.53	0.45	0.11	0.80	0.77	0.78	1.00	0.28	0.86	0.09	0.39	0.25
内蒙古自治区	0.40	0.46	0.26	0.64	0.35	0.71	0.74	0.31	1.00	0.59	0.14	0.33
辽宁省	0.65	0.28	0.37	0.48	0.54	0.82	1.00	0.38	0.76	0.73	0.39	0.51
吉林省	0.63	0.76	0.29	0.39	0.49	0.72	0.98	0.26	0.81	0.70	0.20	0.41
黑龙江省	0.58	0.96	0.40	0.60	0.58	0.76	0.97	0.27	0.81	0.45	0.19	0.42
上海市	1.00	0.15	1.00	0.78	1.00	0.93	0.86	1.00	0.90	0.80	1.00	1.00
江苏省	0.69	0.31	0.30	0.72	0.96	0.75	0.83	0.50	0.67	0.83	0.75	0.38
浙江省	0.75	0.07	0.72	0.00	0.88	0.72	0.83	0.76	0.67	0.65	0.84	0.47
安徽省	0.54	0.56	0.17	0.39	0.38	0.65	0.58	0.25	0.52	0.20	0.41	0.14

（续）

省、区、市	平均预期寿命	农村人口死亡率	人均医疗保健支出	每千农业人口拥有医生和卫生员数	饮用自来水人口占农村人口	平均受教育年限	文盲半文盲占15岁及以上人口比例	人均文教娱乐及服务支出	人均拥有专任教师（普通初中）	农业劳动生产率	从事非农业产业人员占农村从业人员比重	城镇化水平
福建省	0.59	0.73	0.21	0.73	0.75	0.70	0.73	0.36	0.67	0.71	0.53	0.33
江西省	0.33	0.51	0.21	0.53	0.48	0.70	0.84	0.27	0.67	0.36	0.45	0.17
山东省	0.69	0.27	0.28	1.00	0.68	0.80	0.78	0.38	0.67	0.52	0.51	0.29
河南省	0.52	0.53	0.15	0.66	0.50	0.75	0.88	0.16	0.57	0.24	0.32	0.06
湖北省	0.49	0.49	0.18	0.44	0.52	0.73	0.78	0.27	0.67	0.52	0.46	0.27
湖南省	0.46	0.46	0.24	0.27	0.58	0.77	0.90	0.33	0.67	0.28	0.32	0.17
广东省	0.65	0.69	0.31	0.30	0.53	0.79	0.93	0.37	0.62	0.49	0.58	0.55
广西壮族自治区	0.50	0.60	0.15	0.40	0.75	0.78	0.91	0.22	0.67	0.24	0.31	0.11
海南省	0.62	0.91	0.09	0.01	0.59	0.75	0.84	0.19	0.71	0.86	0.16	0.30
重庆市	0.53	0.05	0.19	0.35	0.68	0.66	0.77	0.24	0.76	0.24	0.47	0.30
四川省	0.50	0.16	0.19	0.53	0.46	0.67	0.66	0.22	0.71	0.27	0.40	0.10
贵州省	0.12	0.00	0.05	0.27	0.53	0.53	0.53	0.15	0.00	0.00	0.32	0.00

（续）

省、区、市	平均预期寿命	农村人口死亡率	人均医疗保健支出	每千农业人口拥有医生和卫生员数	饮用自来水人口占农村人口	平均受教育年限	文盲半文盲占15岁及以上人口比例	人均文教娱乐及服务支出	人均拥有专任教师（普通初中）	农业劳动生产率	从事非农业产业人员占农村从业人员比重	城镇化水平
云南省	0.08	0.00	0.15	0.47	0.63	0.52	0.59	0.17	0.71	0.08	0.05	0.05
西藏自治区	0.00	0.08	0.00	0.55	0.00	0.00	0.00	0.00	0.86	0.21	0.11	0.00
陕西省	0.41	0.40	0.23	0.58	0.44	0.73	0.84	0.30	0.71	0.13	0.31	0.17
甘肃省	0.23	0.51	0.13	0.36	0.77	0.57	0.54	0.25	0.71	0.09	0.25	0.05
青海省	0.12	0.47	0.21	0.81	0.40	0.41	0.35	0.09	0.90	0.16	0.26	0.20
宁夏回族自治区	0.42	1.00	0.30	0.43	0.58	0.48	0.51	0.16	0.71	0.16	0.31	0.25
新疆维吾尔自治区	0.22	0.87	0.24	0.12	0.86	0.67	0.93	0.14	0.90	0.75	0.00	0.17
全　国	0.51	0.41	0.24	0.52	0.61	0.71	0.80	0.29	0.67	0.30	0.42	0.26

新农村建设区域发展专业人才培养的思考*

摘　要：党的十六届五中全会提出了建设社会主义新农村的重大战略任务，社会主义新农村建设需要大批农村区域发展专业人才。在简要介绍农村区域发展专业的设置和人才需求的基础上，提出了农村区域发展专业人才培养的构想，对培养符合新世纪我国建设社会主义新农村的“合格人才”以及提供“人才保障”具有积极意义。

关键词：新农村建设；农村区域发展；专业人才培养

Abstract: The 5th Plenary Session of the 16th Central Committee of the Communist Party proposed the significant strategic mission of constructing socialist new countryside.The completion of the mission calls for large quantities of specialized talents for rural regional development.This article introduces briefly the establishment of rural regional development and the demand for specialized talents and puts forward that the concept of cultivating such talents if of great significance to the training of qualified talents to build socialist new countryside and the providing of “talents guarantee” .

Key words: new countryside construction; rural regional development; specialized talents cultivation

---

* 本文作者：王淑彬、黄国勤、欧一智、王贵春。原载《江西农业大学学报》（社会科学版）2006年第5卷第4期第61～64页。

21世纪我国提出了全面建设小康社会的宏伟目标，并把解决农业、农村、农民问题摆在了国民经济和社会发展的重要位置，指出解决农业、农村、农民问题是全面建设小康社会的重大任务。党的十六届五中全会基于这一基本国情，从中国特色社会主义现代化的全局出发，通过了《中共中央关于制定国民经济和社会发展第十一个五年规划的建议》，提出了建设社会主义新农村的重大历史任务，为做好当前和今后一个时期的“三农”（农业、农村、农民）工作指明了方向。

近几年，党中央、国务院以科学发展观统领经济社会发展全局，按照统筹城乡发展的要求，采取了一系列支农惠农的重大政策。各地区各部门认真落实中央部署，切实加强“三农”工作，农业和农村发展出现了积极变化，迎来了新的发展机遇。人才在经济社会发展中的地位和作用日显重要和突出，中华民族要实现伟大复兴，就必须拥有大量高素质的人才。因此，党中央适时做出了人才资源是第一资源的科学判断，并且先后提出了“科教兴国”和“人才强国”的战略国策。这就要求我们的教育，特别是高等教育要适应当今新形势，以时代发展的要求作为大背景和外部推动力，及时调整教育体系，构建新的人才培养模式，实现“十六大”报告中提出的培养数以万计的专门人才和一大批拔尖创新人才的任务。所以，在这样的形势下，如何更好地为农业发展培养大批高素质农业人才，就显得尤其重要。在这一背景下，全国有关高等院校纷纷调整专业，增设农村区域发展专业。

农村区域发展学科来源于发展学科，是它的重要分支，自20世纪70年代中国农业大学农村发展中心引进发展理念，随后在20世纪90年代创立农村区域发展专业以来，农村区域发展学科已经在我国的农村发展、扶贫、资源管理和可持续发展等领域发挥重要作用，并且必将在我国今后的农村产业结构变革和城镇化、西部大开发与新农村建设等方面发挥其独特的重要作用。培养农村区域发展专门人才是我国发展农村经济、实施区域发展战略的需要。

1 农村区域发展专业设置

江西农业大学于 2001 年 9 月设置了农村区域发展专业，并开始招生。本专业创办以来，在学校党政领导的重视下，始终坚持社会主义办学方向，坚持教学改革，狠抓教育质量，努力为我国的现代化建设培养建设人才。本专业利用江西农业大学农学和经济学的学科优势，强调以农学和管理学为核心的学科综合。

目前全国有中国农业大学、中国人民大学、西南农业大学、河北农业大学、福建农林大学、四川农业大学、山东农业大学、沈阳农业大学等几十所院校开办了农村区域发展专业。几年来各高校围绕农业和农村发展的实际，在人才培养定位、课程设置、实践教学等方面作了积极探索。但是新的专业在教学内容、教学管理等很多方面会显现出许多不足。要提高人才培养质量，首选必须狠抓专业建设。地方院校要依据各自的实际情况，设置教学、科研和实践体系，要各具特色，有所创新，办出自己的特色来。江西农业大学一直重视新专业的建设，对农村区域发展专业也一直在扶持，对专业的培养目标、课程设置、实习基地、专业建设特色等方面学校与学院都给予了很多支持。

1.1 培养目标

农村区域发展专业主要培养涉及农村区域经济与社会发展的综合型管理人才，特别注重培养区域规划与开发管理方面的实用型人才。要求毕业生掌握经济学与管理学的基本理论与方法，具备农村区域发展方面的基本理论、基本知识和基本技能，能在农业企业、农业推广管理部门、政府及事业单位从事农村社会调查、区域发展规划、社区综合管理和相关教学与科研工作。

本专业毕业生的社会需求包括：在与农村发展有关的政府部门、经济开发区管理机构、行业管理部门、社区管理机构从事经济社会管理工作；到有关的教学科研单位从事区域经济、社区发展等方面的教学和科研工作。

1.2 课程设置

要实现本专业的培养目标，则要通过相应的课程设置使学生较系统地掌握电子技术、计算机技术和信息科学的基础理论知识和基本技术；获得科学研究的初步训练；具备大学生应有的文化修养；掌握一门外语，能阅读本专业的外文书刊；具有较强的计算机应用能力；具有独立获取知识的能力，分析问题和解决问题的能力，创新能力和社会工作能力，初步具有进行科学研究、应用研究的能力。

课程设置是农村区域发展专业学生培养的关键环节，根据本专业的特点和学生培养的目标，农村区域发展培养方向的课程设置按照公共课、基础课、专业基础课和专业课四个层次进行划分。

公共课：包括英语、体育、思想道德修养、法律基础、形势与政策教育、毛泽东思想概论、大学语文和马克思主义哲学原理等课程。另外还有一些公共选修课程，学生可根据自己的爱好选修。

基础课：包括高等数学、线性代数、数据库原理与应用、计算机操作技术基础、概率与数理统计等。

专业基础课：包括普通生物学、农学概论、园艺概论、畜牧概论、农业生态学、农业经济学、发展经济学、西方经济学、统计学原理、农村社会学、发展社会学、农业政策学、管理学原理等。

专业课：包括发展理论与实践、社会调查学、农业布局学、农业政策学、传播与沟通、农村发展规划管理、发展项目管理、农业推广学等。

1.3 实习基地

实践教学是培养大学生创新能力的重要途径。农村区域发展专业的实习及毕业设计是培养学生的一个重要环节，直接涉及学生今后实际工作能力和科研能力的培养。本专业实习及毕业设计为 20 周。第四学年毕业生由专业教师带队，到校外实习基地结合专业实习和毕业设计进行实践性教学，走校企合作培养毕业生的教学模式。本专业先后在萍乡、宜春、上饶、星子、信丰、江西省蚕桑茶叶研究所等地建立了教学实习基地，这些实习基地的建立，使本专业学生理论水平与实践动手能力得到全面提高。在实习过程中，通过实践工作可让学生联系前面三年半学习的课程知识，并结合工作中的学到的最新或前沿知识进行毕业设计论文的撰写。

1.4　专业建设特色

（1）综合性。农村区域发展专业建设不仅要发挥农学院教学科研的传统优势，强化学生农业生产技术的知识基础，而且要充分发挥经济管理学科的师资优势，实施社会、经济、管理、大农业和生态环境保护等方面的教育，培养懂农业生产技术和经营管理的高层次综合人才，打造农村区域发展专业本科教育的学科特色。

（2）融合性。在加强科学研究能力建设基础上，不断加强教学和科研的融合，不断开展“科研进课堂、学生进科研”的模式创新，构建教学科研相长的本科教育新体系，提高学生创新能力。

（3）创新性。农村区域发展专业是江西农业大学新建立的综合性本科专业，也是国内高等农业院校中的新建专业。本专业对适应我国农业和农村发展新形势，培养大批能够从技术、管理和区域不同层次上进行农村生态、经济、社会综合管理的专门人才，对促进我国农村的可持续发展具有重大意义。

2　农村区域发展专业人才的需求

我国农村经济正处在不发达的市场经济发展的变革时期，出现了农、林、牧、副、渔、工、商、建、运、服、教等全面发展和城乡一体化的发展态势，特别是农村产业结构的调整，农村小城镇建设规划的实施和县域经济的发展，需要大批的高水平的从事农村区域发展的人才。

2.1 目前农村人才需求现状

由于工业化进程和城市优势等因素的影响，近年来，大量的农村劳动力涌进城市，在城乡的互动上，人才分布的态势是由农村向城市聚集的，形成了农村为城市输送人才的境况。一是由农村考入大中专的学生，在毕业后几乎很少回到农村，这种情况全国普遍存在。二是近年农村大量的剩余劳动力转移，使农村有能力的人几乎都进入城市谋生甚至落户，使农村人才向城市聚集。我国农村劳动力向城市转移是巨大的，从 1982 年以来逐年上升，2002 年达到 9 000 多万（详见表 1）

表 1　我国农村劳动力外出就业转移情况表

单位：万人

年份	外出就业人数	年均转移量
1982	200	50
1989	3 000	400
1993	6 200	800
1995	7 000	400
1996	7 223	223
2001	8 961	348
2002	9 340	379

资料来源：农业部产业政策与法规司：《农业政策法规调查与研究》，中国农业出版社，2004 年

根据新世纪我国农村经济发展的趋势，可以看出在新世纪随着农业在国民经济中地位的变化，农村经济机构发生重大的变化，农村劳动力就业结构的变化，而农村建设人才却相对缺乏，大量人才外流。而新时期新农村建设对我国农村区域发展人才的

需求，不仅数量大，而且层次、学科繁多，时间紧迫。总的来说，农业、农村发展对专业人才的总体需求趋势体现在以下3个方面：第一是对农业综合性人才的需求。随着农业经济的发展，农村人才要懂得种植业、畜牧业、农产品加工业等技术，需要具备多种专业知识，这类人才农村的需要量大。第二是对农业科技人才的需求。这一类人才主要表现在不仅要掌握农林牧渔业方面的基础知识，而且还有掌握生物技术、新兴的农业生产技术、新农药、新兽药等方面的新型技术。第三是对目前新农村建设管理人才的需求。目前我国乡镇公务员中，中专以下学历占70%以上，领导干部中，中专以下学历占60%。农村基层管理人员的文化程度不高，管理水平也比较低。新农村建设的开展，对农村管理人员也提出了更高的要求，农村需要一大批思想解放、勇于实践、敢于创新的管理人才。这样才能带领农民走向富裕。

农村区域发展培养的人才从课程设置、培养目标等方面看正好能适应以上的要求，对于农村发展能起到巨大的推动作用。

2.2　企事业单位对农村区域发展人才的需求

据人事部预测，今后几年中国急需人才有8大类。其中，农业科技人才与高新技术人才、生物工程人才同等重要，预计十年内就需要涉农人才几百万人。

农业所需人才与其他热门行业一样，很多的农业招聘会上都写着“高薪急聘”，有限几个涉农人才根本无法满足企业需求。对此，江苏镇江农科所李副所长曾发表自己的感触说：在当前农村推广新技术过程中，最大难题就是涉农人才奇缺，实在太难找！而在现代社会发展日新月异的时期，农业企业对农业人才的需求是涉农人才既要有丰富理论知识，又有扎实的实践能力，这也是对农业人才的一个长久的期望。

随着人民生活水平的提高，现代农业已远远超出了传统“种菜种粮、养猪养鸡”范畴，而是融合了社会学、生态学、食品加工学、经济学、发展学等多方面内容。如今越来越多的问题也不单单与一个专业有关，而是需要把许多不同专业的知识结合起来才能解决。

当前，不断崛起的现代化农村急需一大批拥有专业技术又懂现代管理、经营和贸易的农业人才，农业人才的社会地位也将随之不断攀升。农村区域发展专业的人才培养正好顺应了这一需要，将农业基本知识与现代管理学、农村发展学融合在一起，培养出新兴的人才。因此，面对激烈的就业形势，农村区域发展人才将脱颖而出，成为建设社会主义的主力军。

2.3 新农村建设对农村区域发展专业的人才需求

建设社会主义新农村是党中央、国务院在新的历史发展时期的一个重大战略部署，在社会主义新农村建设过程中，高等学校肩负着不可推卸的历史责任。农民需要知识，农村需要人才，21世纪的新农村更需要懂知识、懂技能的“新”农民。“十一五”规划中新提出的建设社会主义新农村，对农业发展和管理方面的专业技术人才提出了急迫的、大量的需求。对于涉农专业来说，也是一个难得的机遇。目前农村人才的需求，不仅要懂得农业的基本知识，也要懂得管理，也需要懂得怎么样去推广农业新技术，这样农村才能发展。

3 农村区域发展人才培养的构想

3.1 农村区域人才培养模式

根据我国社会、经济、教育快速发展对人才培养的新需求，农村区域发展专业要抢抓机遇，强化质量意识，创建第一课堂和第二课堂有机结合，融传授知识、培养能力、提高素质为“三位一体”，进行农学本科专业应用型、复合型人才培养。积极调整专业结构，通过教学研究，确立适合自身发展、具有时代特征的办学思路和定位，以持续发展带动教育资源的持续开发、更新和建设，不断强化学科特色和资源优势。根据社会经济需求——提出教研课题——开展教学研究——调整培养目标——改革培养模式——修订教学计划——更新教学内容——加强和完善实践教学体系——落实改革措施——提高人才培养质量，来培养农村区域发展专业的人才。人才培养模式不仅要体现“教育要面向现代化、面向世界、面向未来”的教育指导思想，而且要加强素质教育，培养创新能力和实践能力，鼓励学生全面发展，努力实现人才培养模式多样化。要树立“以教学为基础，以技能培训为推动环节，以科研为发展导向”的教育观，按照产、学、研、企一体化的思路，构建教学——实习——科研一体化的开放式、拓展型人才培养新模式；实行“企业与院校”结合的管理运作模式，保证理论功底深厚、实践技能熟悉的区域发展人才的来源与出路通畅。

3.2 农村区域人才培养定位

所谓定位，简单地说，就是培养什么样的人，为谁培养人。近几年我国农业高速发展，人才需求旺盛，其中对在生产一线的从事技术、管理的技能型人才需求最大，这类人才就是我们的培养目标。我们的培养目标定位于为农业企业培养生产一线的应用型人才，为政府提供农业管理人才。这些岗位市场需求大，也是农村区域发展学科发展的首先突破方向。立足江西，面向全国，把农村区域发展专业建设成为在农业方面有地方特色的农业院校专业。在科技、经济、管理发展成一体的今天，科技、经济发展飞速，而管理则相对滞后，难以满足当前各方面飞速发展的需要。本专业要充分利用我校的现有的人才和资源，开拓农村区域发展专业，满足当前社会发展、人才需求和就业市场多样化的需要。从地域定位上农村区域发展专业立足江西是根本，要服务江西、面向全国。

3.3 农村区域人才培养要适应时代发展

社会在发展，社会对高等学校的人才培养的要求也随着社会的发展而不断改变。在新形势下，农村区域发展专业要顺应时代的要求，鼓励高校毕业生到农村基层工作或服务。在培养人才工作中，院校可以与乡镇建立稳定的关系。通过乡镇实践基地的建立和运作，吸收实践部门和各行各业人士参与教学工作，以利于加强学校与社会生产实践部门的联系，让学生在第一线真正能发现问题、提出问题，并解决问题，完成一次全面“实训”，并且使需要人才的部门和生产单位的建议、意见反馈给高校。同时，也为区域发展专业教师在指导学生“下基层”过程中找到结合生产、具有实际意义的科研课题，是理论与实践、知识与能力、教学与生产的有机结合，突显出区域发展专业教与学的实践性。

另外在专业发展过程中要随时进行调整，确保专业设置定向明确，专业建设目标清楚，人才培养特色鲜明。同时，针对社会需求的不确定性，我们还要定期进行专业调整、改造，给老专业赋予以新的内涵。使专业建设符合市场需求，突出办学特色，培养的人才急需、能用、好用。新世纪，农村区域发展人才应该是德、才、识、学兼备的综合型人才，应该是有道德、有科学文化、有求实态度、有创新精神的人才，应该是促进社会向更高层次方向发展所需的人才。

参考文献：

[1] 周文宁．浅谈新形势下高等教育与人才培养．科技情报开发与经济，2006，16（14）：253～254

[2] 陶佩君，崔永福，沈月领．运用现代发展理念定位农村区域发展专业．河北农业大学学报（农林教育版），2004，6（3）：26～28

[3] 许文娟，侯立白，贾燕．农村区域发展专业实践教学体系的构建与实践．高等农业教育，2005，（7）：55～57

[4] 卞新民，景桂英，段华平．农业发展新形势与农村区域发展专业建设．中国农业教育，2005，（1）：28～29

[5] 刘宗碧．农村经济社会发展的人才战略问题思考．黔东南民族师范高等专科学校学报，2005，（4）：27～30

[6] 孙文学，张维新．农村人才需求结构与农村职业教育培养模式改革，继续教育研究，2005，（1）：36～40

论农村生态系统*

摘　要：本文在简述了农村生态系统的含义、组成与结构、作用与功能、性质与特征的基础上，提出了“生态农村”是我国农村生态系统的发展方向。

关键词：农村生态系统；生态农村；社会主义新农村建设；和谐社会；可持续发展

1 含义

农村生态系统是由“农村”与“生态系统”两词组合而成的。农村是指以农业生产活动为基础的，以农业为主要职业的居民聚集地；生态系统则是指在一定的时间和空间范围内，由生物与环境组成的具有物质循环和能量流动功能的生态学功能单位(单元)。显然，农村生态系统可以定义为：在农村这一特定范围内，由人、生物和无机环境组成的具有多种生态经济功能的“自然——经济——社会”复合体即为农村生态系统。不难看出，农村生态系统本质上是由农村居民（主要是农民)、农村（或农业）生物、农村环境、农村教育、农村文化等多种生物和非生物成分组成的复杂的“复合生态经济系统”。

---

* 本文于2007年4月9日至10日在南昌召开的“海峡两岸乡村发展论坛”（江西省科学技术协会、江西省人民政府台湾事务办公室、江西农业大学等主办）上进行了交流。

2 组成与结构

2.1 农村生态系统的组成

一般来说，农村生态系统主要有以下几部分组成：

(1) 人。农村生态系统中的“人”，主要是以农业为主要职业的农民，也包括部分居住在农村，但不直接从事农业生产的其他行业人员。如在乡（镇）、县（市）、省城从事非农业的生产者有工人、教师或经商人员等，他们虽不是农民，但也有少数居住在农村。

(2) 生物。植物，如房前屋后的树木（包括果树）、花卉、地面人工种植的草被或自行生长的各种杂草等；动物，如地面上人工饲养的家畜家禽（羊、猪、牛、马、狗，鸡、鸭、鹅等），天空中飞行的各种鸟类等；微生物，农村生态系统中的微生物资源十分丰富，有各种细菌、真菌和放线菌等。

有的农村家庭在房前屋后的庭院中实行“立体种养、综合利用”，即不仅种植有蔬菜（如白菜、大蒜、菠菜等）、农作物（如玉米、花生、大豆、南瓜、丝瓜、西瓜等）、苗木、葡萄等“地面”生长的植物；还养殖蜜蜂、鸽子等“空中”飞行的动物；有的还在庭院内挖水池养殖泥鳅、鳝鱼，有的还养殖兔子等，大大提高了资源的利用率和系统的生态经济效益。

(3) 无机环境。农村生态系统中的建筑物（房屋、牛棚、猪圈、鸡舍、鸭笼等），生产生活工具，空气、土壤、水，以及各种生产生活垃圾等，均属于无机环境的范畴。

(4) 人文环境。农村中人文环境一般包括：村规民约、风俗习惯，现代文化和教育，国家法律、法规和地方制度，等等。如江西省婺源县，历史悠久，文化厚重，不仅自然生态环境优美，而且人文环境的“内涵”也十分丰富，被誉为“中国最美的乡村”。

2.2 农村生态系统的结构

从结构来说，农村生态系统的结构具有以下几个特点：一是时间结构的差异性；二是空间结构的层次性；三是营养结构的多样性。

农村生态系统在时间上的分布结构不一，有远有近，有长有短。有的农村生态系统历史比较悠久，如婺源县晓起村至今有一千多年的历史，对于一个“小山村”来说，历史可谓长矣。而有的村庄历史就非常短，如1998年长江流域特大洪涝灾害之后，各地进行了“移民建镇（乡镇）”，这些“新村庄”至今只有不足10年的历史。最近几年进行社会主义新农村建设，有的地方重新建设一个或多个“新”村庄，其“历史”就更短。

农村生态系统的空间分布也高低不一、大小不一。小的村庄仅1～2户或3～5户，大的村庄可达几十户至几百户。农村生态系统的空间结构不尽相同，有高有低，有大有小。目前，农村生态系统的建筑物结构多为一层或两层，三至五层的高层建筑物不多。但随着社会经济的不断发展和农村生产生活条件的不断改善，我国发达农村在日益增多，高层建筑物的“层次性”、“立体性”日趋明显。

农村生态系统的营养结构不是单一的，而是多种多样的。农村居民的营养结构多以捕食性食物链为主，主要以“植物→人”为主，也有“植物→动物→人”；家畜家禽的食物链则有：“剩饭剩菜→猪”（即以人吃剩的“残羹剩汤”喂猪），“草（或作物秸秆）→牛”，“稻谷（或大米）→鸡”，“配合饲料→鸭（或鸡）”；也有“农村生活废物→农田肥料→植物（如水稻、蔬菜）→动物（或人）”，等等

3 作用与功能

3.1 生产功能

农村生态系统中有大量绿色植物，如树木、花草、庭院瓜果

和蔬菜等，它们通过光合作用，不断从环境中吸收CO_2和H_2O，制造有机物，生产植物性产品；同时，农村生态系统中还进行动物性生产，如农村中几乎每家每户养鸡、养鸭、养猪，生产大量动物性产品，还有的村庄发展规模化养殖业，使肉、蛋、奶、皮、毛、骨等动物性产品数量大大增加。

3.2 经济功能

农村生态系统不仅具有生产功能，能够促进农业生产的不断发展，而且还能促进农民增收，不断推进农村经济向前发展。

根据调查，当前农民经济收入主要来源于四个方面：一是“农田”经济收入，通过出售农田作物产品如稻谷、棉花、蔬菜、瓜果等，获取一定的经济收入；二是“山地”经济收入，即通过砍伐森林出售原木，或通过出售林木加工产品获取经济收入；三是“非农”经济收入，农民外出“打工”，或从事第三产业，这是农民致富的又一重要途径；四是“家庭饲养”经济收入，在农村生态系统范围内，依据“家庭”——这个社会的“细胞”发展家畜家禽饲养业，如发展养鸡业、养鸭业、养猪业等，以增加农民收入。一般来说，通过发展家庭饲养业增加农民收入，这是全国农村普遍的经验和做法，它占整个农民家庭总收入的约1/4～1/3。

3.3 服务功能

农村生态系统的服务功能，主要体现在以下几方面：一是为农民服务。良好的农村生态系统，可以为居住在该系统的农民提供优越的气候条件和优良的生态环境；二是为“市民”服务。农村生态系统为城市生态系统提供肉、蛋、奶、皮、毛、骨等农产品，直接服务于城市市民，为实现城乡共同繁荣做出积极贡献；三是为其他生态系统服务。如农村生态系统中的畜禽粪便和生活垃圾可作为“肥料”为农田生态系统服务；农村生态系统中的“废铜烂铁”等各种废弃物可作为工业生态系统的“原料”、“资源”进行再生产、再循环和再创造。

3.4 教育功能

农村生态系统具有突出的教育功能。首先，大部分农村或一定范围、一定规模的农村，都建有学校，以培养革命事业的接班人；其次，任何农村均具有一定的“风土人情”和“村规民约”，这既对“村民”起到了约束作用，更对农村年轻人起着积极的教育作用，因而农村的精神文明起着积极的推动作用；第三，为提升教育功能，现代农村生态系统中还广泛利用报纸、广播、电影、电视、黑板报、墙报等多种“途径”和“手段”，既为农民开辟了一条增长知识的渠道，又对农民起到了很好的教育作用。

3.5 管理功能

一方面，农村生态系统中的“村规民约”、“风土人情”、“风俗习惯”等，既对农村“居民”具有教育作用，更对村民具有约束作用和管理功能。另一方面，农村生态系统既是一个“自然”、“半自然”生态系统，更是一个“人工化”的生态经济社会复合大系统，是一个“管理型”的生态系统，它对全村的自然、经济、社会状况进行不断的管理和调控。可以说，其管理功能体现在农村生态系统的方方面面。

3.6 文化功能

一般来说，文化主要体现在语言文字、公正象征、知识信仰、价值体系以及有关行为程序中的惯例、规划中。农村生态系统中的文化具有教化、凝聚与延续的作用。当前，加强农村生态系统的文化、卫生、体育、娱乐设施建设，倡导良好的社会风尚，对于提高农村“居民”的文明素质和文化修养具有重要作用，对于构建社会主义和谐社会具有促进作用。

3.7 保障功能

建立和完善农村生态系统的保障体系已成为构建社会主义和谐社会的重要内容之一。农村生态系统的保障体系主要体现在三个方面：一是“老龄化”的生活保障。农村同城市一样，“老龄化”的趋势越来越明显，亟须建立相应的保障机制；二是“弱势”家庭的生活保障。一方面，广大农村农民的生活水平、生活质量总体呈上升趋势，但另一方面，“两极”分化的趋势亦越来越明显，尤其在一些老、少、边、穷地区的农村生态系统中表现得更为突出，农村中的“贫困”家庭、“弱势”家庭有增无减。因此，对这部分“弱势”家庭的生活补助、经济补贴及生活保障只能加强不能削弱；三是医疗卫生的保障。着力解决农村居民存在的“看病难”、“看病贵”和“看不起病”的问题，这是建立农村生态系统中的保障机制的主要内容，也是发挥社会主义新农村保障功能的重要体现。

3.8 传承文明

可以说，任何一个社会的“物质文明”和“精神文明”首先是从农村生态系统开始的。或者说，农村生态系统对传承社会文明具有重要作用。农村生态系统中的“乡风”、“民俗”、“家谱”、“家族”、“古书”、“古文物”，等等，都对传承文明具有不可替代的作用。

4 性质与特征

4.1 人工性与自然性

一方面，农村的任何村庄从选址，到做好房子、修好道路，以及建设好相关配套生产生活设施，都是“人为”的。因此，农村生态系统的“人工性”很强，从这一意义来说，农村生态系统实际上是一个人工的生态经济系统。

从另一方面来说，农村生态系统又具有“自然性”的特征。这是因为组成农村生态系统的人、生物和无机环境等都具有“自然”生长发育和发展演变的特征，尤其是农村生态系统中的植物、动物和微生物，虽然受人为的调控，有一定的“人工性”，但其更多的是“自然性”，按其自然生长发育规律进行发展和变化。

4.2 原始性与分散性

相对于城市生态系统而言，农村生态系统的原始性和分散性十分明显。作者曾经到过云南、广西等地考察，发现那里的农村住宅非常原始和分散，尤其是少数民族的住宅，既简陋，又分散，更偏僻。从建设社会主义新农村的角度，必须对如此原始、分散的农村住宅进行改造和“更新”。可以说，这也是全面建设小康社会的重要内容之一。

4.3 差异性与多样性

我国是一个发展中农业大国，人口多，底子薄，农村经济和文化状况总体还十分落后。由于幅员辽阔，自然和社会经济条件各不相同，且相差较大，因此就各地农村生态系统比较而言，存在明显的差异性和多样性。

如从自然条件来说，西部农村的自然条件要“恶劣”得多，而中、东部自然条件就要优越得多；从经济状况来说，西部农村比中部农村就要落后得多，而中部农村又比东部农村差得多；从农村人文环境和农民科技文化素质来看，地处偏远山区的多数少数民族集聚区，农村人文环境就要差得多，农民素质就要低得多。当然，同样是少数民族地区，农村自然环境、人文环境和社会经济状况也都有很大差异性和明显的多样性。这就要求我们在进行社会主义新农村建设过程中，要尽量做到因地制宜，不搞“一刀切”。

4.4 平面性与立体性

从各地农村生态系统结构的现状来看，绝大多数呈现“平面性”的特点。如房屋多是平房，且结构简单，对农村生态系统中资源的利用也多是单一平面利用。

但从今后发展趋势来看，农村生态系统结构的“立体性”将会越来越突出。事实上，农村经济发达地区，高层建筑物、立体建筑物越来越多，对农村土地资源、水资源和各种“垃圾资源”（废弃物）的利用越来越呈现“立体利用”、“多次利用”、“反复利用”和“循环利用”。尤其是随着我国农村人口的不断增加，人均占有的各种资源将越来越少，在这一背景下，“立体利用”农村各种资源是必然趋势。

4.5 集约性与高效性

因为农村资源十分有限，因此我国各地对农村资源的利用均具有集约性和高效性。如在经营农村庭院经济时，各地就高度重视其立体利用、集约利用，真正做到了“以一当十、以十当百”，即一分庭院土地，其产生的效益十倍于大田。如浙江省海宁市袁花镇龙联村一青年农民，在自家的庭院中挖鱼池养殖多种鱼类，鱼池上面搭上葡萄架，实行“立体种养”，面积只有一亩的庭院年收入不下 6 万元。可见，其效益之高。

5 生态农村——农村生态系统的发展方向

当前，我国广大农村生态系统均不同程度地存在以下问题：一是资源浪费；二是生态破坏；三是环境污染；四是经济落后；五是素质偏低。

为了全面建设小康社会，构建社会主义和谐社会，早日建设社会主义新农村，必须采取有效对策和措施，既发展农村经济，又治理农村环境，实现农村生态系统的经济效益和环境效益“双赢”。为此，必须高度重视建设“生态农村”，这是我国农村生态系统发展的重要方向。

我们认为，建设生态农村，既要生产发展，农民增收；又要环境改善，生态优美；更要素质提高，精神文明；还要管理民主，保障有力。总之，生态农村是一个相当广泛的概念，要求农村社会经济、生态环境、文化教育、人文素质、民主管理等各个方面均有一个“量”和“质”的飞跃和突破。

为加速我国生态农村建设，当前应从以下六个方面内容着手：第一，能源建设，继续实施“生态家园富民计划”和农村沼气工程，发展清洁能源，推进乡村清洁工程建设；第二，继续推进“农村改水改厕工程”，提高乡村安全饮水和卫生设施普及率；第三，继续实施“退耕还林”工程和自然保护区建设，提高乡村的生活质量；第四，改善乡村能源和交通结构，提高乡村生活质量；第五，发展生态农业、有机农业和现代农业，开发旱地农业、草地农业和“水体”农业，提高资源利用率，增加农民收入；第六，加快工业化、城市化、城镇化进程，降低农村人口密度和农村环境压力，促进农村经济和生态环境向着“双向优化”的方向发展。

农村生态环境与社会主义新农村建设*

摘　要：“村容整洁”是建设社会主义新农村的基本要求和目标之一。当前，我国农村生态环境存在诸多问题，如“脏”、“乱”、“差”、“空”、“毒”、“低”等。针对存在的上述问题，作者提出了我国建设社会主义新农村应遵循的原则及应采取的对策和措施。全文对当前我国正在进行的社会主义新农村建设具有重要指导意义。

关键词：农村生态环境；社会主义新农村建设；农民；中国

Abstract: The countryside informatization construction is one of the important parts in the socialism new countryside construction.Based on discussing the status and role of the countryside informatization in the socialism new countryside construction, the author analyzes the development, the result and the existent questions of the countryside informatization in our country . Finally, he proposes certain concrete countermeasures

* 本文原载《中国井冈山干部学院学报》2006 年第 2 卷第 3 期第 75～78 页。后经修改补充，分别发表于《农业现代化与新农村建设——2006 年中国科协年会农业分会场论文专集》，《中国农学通报》2006 年第 22 卷（专集）第 226～229 页；《农业科技创新与社会主义新农村建设——华东六省一市农学会 2006 年学术论坛论文集》，中国农业科学技术出版社，2006 年 11 月，第 140～144 页。

and measures to accelerate countryside informatization and to construct socialism new countryside.The full text has much important reference value to the socialism new countryside construction which is being carried on in our country now.

Key words: countryside informatization; construction of new countryside socialism; result; countermeasure; China

1 引言

为加快推进社会主义现代化进程、全面建设小康社会和努力构建社会主义和谐社会，党的十六届五中全会提出了建设社会主义新农村的重大战略任务，并明确了建设社会主义新农村的目标和要求是：生产发展、生活宽裕、乡风文明、村容整洁、管理民主。

"村容整洁"，即要求广大农村生态环境优美。这实际上是在农村物质文明、精神文明满足要求的基础上，对农村"生态文明"提出的新要求和更高要求，是农村社会全面进步、农民生活水平和生活质量全面提升的重要标志。

这就必然要求我国广大农村不断改善生态环境、治理生态环境、建设生态环境和优化生态环境，早日达到党中央提出的"村容整洁"的目标和要求。

2 农村生态环境现状及存在问题

然而，目前我国广大农村仍然存在严重的生态环境问题，距离党中央提出的"村容整洁"的"社会主义新农村"相差甚远。

具体来说，我国农村生态环境存在的主要问题有以下几方面：

2.1 脏

“脏”是当前大部分农村存在的突出生态环境问题。一是人畜粪便、生活垃圾没有得到应有的保存和利用，污染了环境；二是乡镇企业、县乡医院的“三废”（废气、废液、废渣）未经处理排入村庄和农田；三是农业生产过程中本身使用的农药、化肥、农膜等“化学制品”对农村造成的污染，等等。据建设部对部分省市农村的典型调查，结果发现：96%的村庄没有排水设施，89%的村庄垃圾随意排放，72%的村庄农民住房与畜禽厩舍混杂，几乎所有的村庄还使用传统旱厕。

2.2 乱

“乱”是当前农村生态环境的又一重要特征。首先是房屋“乱”，新的、旧的，高的、矮的，完好的、破旧的，排列“杂乱无章”、毫无秩序；其次是道路“乱”，多数农村的路是“泥巴路”，晴天还能走，下雨天就很难走，有的村庄到了雨天简直就是“有脚无路走”，道路乱的另一表现是农村道路条数多、拐弯抹角的路多、高低不平的路多、有障碍物的路多、“有去无回”的不畅通的“死路”多，等等；第三是农村生产资料、生产农具、生活物品等到处都是，乱堆、乱摆、乱放，十分混乱；第四是羊、猪、牛、马、狗，鸡、鸭、鹅等家畜、家禽大多不是“圈养”，而是“散养”、“乱放”，造成农村各个村庄的家畜、家禽乱跑、乱跳、乱叫，有的狗还乱咬人。上述情形，造成农村生态环境十分混乱。

2.3 差

（1）生产条件差。总体上来说，我国广大农村的生产条件还是比较差的。多数农村生产用的工具还是传统工具，如犁、耙、锄头、铁耙等，农民从事农业生产的主要方式仍然是“日出而作、日落而息”，尤其是边远山区的广大农村更是如此。

（2）生活条件差。尽管新中国成立50多年，特别是改革开放20多年来，全国各地农村的广大农民生活条件有了巨大改善，生活水平和生活质量有了很大提高。但不容否定，还有相当部分农村农民生活条件仍然十分艰苦，全国仍然还存在2 000多万贫困人口，而且绝大部分分布在农村。农村生活条件差，已导致农民看病难、农家子弟上学难。

(3) 社会风气差。农村社会风气差，表现在以下几方面：一是现在很多农村存在玩牌、搓麻将、赌博等不良风气，且已经“成风”，不仅影响农业生产，更容易造成不团结，更严重的是“玩出纠纷”，引发社会的不稳定；二是因争田、争地、争水闹出矛盾和纠纷并不少见；三是还有很多农村盛行封建宗族观念，“拉山头”、“拉帮结派”，既不利于发展生产、发展经济，更不利于营造团结、向上的良好社会氛围；四是多数农村，封建迷信抬头，轻则造成农民不安心农业生产，重则危及社会稳定；五是由于民主不健全，管理制度还不完善，近些年有些地方在选举村干部时往往出现“不良”社会风气，拉选票、买选票现象并不少见，轻则影响团结，重则影响农村社会稳定。以上这些不良现象，均与构建社会主义和谐社会格格不入。

2.4　空

农民不仅是农村生态系统的重要组成部分，而且是农村生态环境的主体，是农村生态系统的直接参与者和调控者。农民数量的多少、质量的高低、结构的优劣对农村生态环境影响甚大。

(1) 人员空。陆学艺研究认为，我国现在13亿人口中，仍有9亿农民。但由于大量农民工进城就业（实为“兼业”）或直接、间接地从事其他产业，实际从事农业的“真正农民”（或称“全职农民”）已大为减少。从这个意义上来说，农村的“人员空”已是不争的事实。作者在对典型农村的调查中发现，目前，真正从事农业生产的农民是所谓的“38619900部队”，即妇女、儿童、老人、残疾人。农村早已出现“农民少、人员空”的现象。

(2) 房屋空。在农村，有相当部分农民“弃田进城”、外出打工，就连老人、小孩也接到县城或大中城市去了，这样他们的房屋也就无人居住，房屋成了“空屋”。“房屋空”的现象在农村已越来越多。由于长年无人居住、无人维护，有些“空屋”已是越来越旧、越来越破、越来越烂，既造成经济上的损失，又影响村容、村貌，亟待采取有效措施。

（3）村庄空。更有甚者，有的村庄，不是一栋、二栋房屋空着，而是整个村庄空着，实际上已成了“空心村”。这是因为这些村庄的农民，全都外出打工、进城就业去，他们完全放弃了土地（农田）、放弃了农村，有的在县城或城市做了房屋或买了房子，也有的是暂时租用房子。

2.5 毒

农村生态环境中的“毒”来源于3个方面：一是由于工厂、医院、乡镇企业等的“三废”排放，以及农业生产本身使用农药、化肥、农膜等各种“化学制品”，已造成大量有毒、有害物质向农村“转移”、“聚集”；二是农村生活垃圾、人畜粪便、作物秸秆等没有妥善使用、处理或保管，已成为农村生态环境中的一大“毒源”；三是由于国际、国内交流活动的日益增多并日趋频繁，生物入侵已越来越成为农村生态环境中不可避免的问题，并有可能成为危及农村生态环境的重要因素之一。

由于农村生态环境中有毒物质的种类和数量不断增加，已给人们的生活、生产造成严重危害。一是造成食品合格率不高；二是造成食品中有毒有害物质残留量高；三是引发的食物中毒事件增多，严重危及社会稳定。

2.6 低

农村生态环境中，“低”表现在下列方面：一是资源利用效率低，资源浪费严重。现在农村作物秸秆中，有约30%～50%白白浪费了；耕地“撂荒”现象随处可见。二是农民身体素质低。由于生活条件、营养条件、医疗条件等多方面的原因，农村广大农民的身体素质比城市要“低”得多、“弱”得多。三是农民科技文化素质低。据调查资料，目前全国4.8亿直接从事农业生产的劳动力中，初中及以下文化程度占4.2亿人，近90%农村劳动力的科技文化素质低下。四是农村科技成果转化率低。由于农民科技文化素质低，加上科技成果推广机制尚不健全和不完善，我国农业科技成果推广普及率只有40%左右，只相当于发达国家的1/2。

3 改善生态环境，建设社会主义新农村

针对以上存在的多种农村生态环境问题，在建设社会主义新农村的进程中，必须下大力气采取各种有效对策和措施，以不断改善和优化生态环境，为真正建成“村容整洁”的新农村而不断努力。

3.1 原则

3.1.1 实事求是，因地制宜

建设社会主义新农村，必须坚持“实事求是，因地制宜”的原则。即各地在充分学习和领会中央关于建设社会主义新农村的一系列方针、政策的基础上，要结合各地的具体实际，采取具体的对策和措施，决不能照搬、照抄国外的所谓“先进经验”、“成功模式”。必须结合我国的具体国情和各地区的具体实际，创造性地开展社会主义新农村建设，要在实践中总结、提炼出符合各地具体实际的经验和模式。

3.1.2 分步实施，稳步推进

建设社会主义新农村，始终必须遵循“分步实施，稳步推进”的原则。一般来说，容易的、花钱少的、易见成效的事情可以先行开展；难度较大、投入又较多的事情，可以后一步待条件具备或基本具备时进行，这样才能取得预期效果。要脚踏实地、稳扎稳打，一步一个脚印地推动社会主义新农村建设的各项工作，并务求取得实效。

3.1.3 水电路气，综合治理

水、电、路、气（燃气），是广大农村农民的基本生活条件，必须全面考虑、统筹解决，对于目前基础设施薄弱、生活条件落后、水电路气等方面仍然存在诸多问题的农村，要采取措施综合治理，决不能顾此失彼、影响新农村建设的全局。

3.1.4 规划为先，坚持不懈

能否制定出高起点、高质量、具有前瞻性的社会主义新农村建设规划方案，是建设社会主义新农村能否成功的关键所在。各地必须把搞好新农村建设规划作为建设社会主义新农村的首要工作。由于社会主义新农村建设不是一朝一夕的事，不可能一蹴而就，因此规划制定后，必须长期坚持按规划办，这样才能达到预期效果，方能成功。

3.1.5 以人为本，惠及百姓

社会主义新农村建设，必须以科学发展观为指导，真正做到“以人为本”，其最终成果必然是“惠及百姓”——这既是建设社会主义新农村必须坚持的原则，也是衡量社会主义新农村建设是否成功的最终标准。

3.2 对策和措施

根据上述原则，进行社会主义新农村建设时还应采取以下具体对策和措施：

3.2.1 搞好村镇规划

如前所述，要搞好社会主义新农村建设，首先必须搞好农村规划，要做到“规划先行”。各地编制新农村建设规划时应做到：一要科学，即要按科学规律办事；二要客观，要根据各地的自然和社会经济条件，符合客观条件，切合农村实际；三是高起点，要站在发展的角度，统筹规划未来10年、20年或更长时间的发展“蓝图”和发展前景，要充分体现以科学发展观为指导的原则；四要全面铺开，即要求全国各地每个村或镇都应有自己的规划，这是科学发展的前提，不可“省略”。在编制规划时，应将“农村生态环境”作为其中重要内容之一，不可忽视。

3.2.2 实行综合治理

要从根本上改善和优化农村生态环境，必须实行综合治理。

（1）实行山、水、林、田、路综合治理。要求将绿化荒山、利用荒水、植树造林、改造农田、整修路面全面考虑，综合推进。

（2）将改房、改栏、改水、改厕、改路等综合考虑，同步进行。改房，要逐步拆除“空心房”、消除“空心村”，建造“新式房”——经济实用、安全美观；改栏，实现人畜分离；改水，使农民逐步饮用上卫生安全的自来水；改厕，将厕所建造与沼气池利用结合起来，既卫生又经济；改路，道路硬化，改善交通条件；改善生态环境，就是要将绿化、美化、净化与发展生产结合起来，做到林果成荫、环境优美、生活舒适。

（3）综合清理和利用作物秸秆、生活垃圾、河塘淤泥、道路障碍等，以确保空气清新、水体透明、道路通畅。

（4）将普及沼气、普及有线电视、普及电话和普及利用太阳能结合起来，这将大大改善农村生产、生活环境，从而达到“新农村”的要求。

3.2.3 发展循环经济

一是普及“循环经济”的理念，要使广大农民真正懂得发展循环经济的重要性，以及建设环境友好型、资源节约型社会的必要性和紧迫性；二是要大力推广清洁生产技术，推广“节肥减药”技术；三是推广资源再生、“废物”循环再利用技术，真正做到“变废为宝、变废为肥”，“变废为粮、变废为钱”；四是大力开展植树造林活动，实现广大农村绿化、美化、净化和“亮化”的和谐统一，建设“生态农村”、“和谐农村”。

3.2.4 增加物质投入

建设“村容整洁”的社会主义新农村，必须要有足够的物质投入，否则，只能是一句空话。增加物质投入，就是全国各地要在建设社会主义新农村的伟大事业中，大力增加人力、物力和财力的投入，其中最主要的是增加资金的投入。首先，要千方百计争取国家对新农村建设的资金投入；其次，各级政府和部门要增加资金投入，如江西省已计划 2006 年增加社会主义新农村建设专项资金 1 亿元；第三，要建立多元化的资金投入机制，尽可能地吸纳社会、企业和个人对建设社会主义新农村建设的资金投入。

3.2.5 加强教育培训

“人”是农村生态系统中最活跃、最重要、最关键的因素。要确保社会主义新农村建设取得实效，确保建设“村容整洁”的社会主义新农村真正取得成功，就必须高度重视提高“人”的素质。这就要求：①要加强农村领导干部的培训，提高领导者的素质和领导能力，这是保证新农村建设取得成功的重要决定性因素；②加强农村“骨干”、“种田能手”或“致富带头人”的培训；③普及农村义务教育，提高广大农民的科技文化素质；④加强县文化馆、图书馆和乡镇文化站、村文化室等公共文化设施建设；⑤尽可能多地举办各种培训班、轮训班，提高农村科技文化素质。

同时，对培训内容要进行“精选”。要将下列内容纳入新农村建设的教育培训中去：一是党中央关于建设社会主义新农村的一系列方针、政策，这应作为教育培训的重点；二是选择现代科学技术知识，尤其是农村适用技术；三是要把农村生态环境保护的基本知识传授给农村领导和广大农民，使他们成为自觉维护农村生态环境的“带头人”和“实践者”。

通过上述培训教育，培养造就出农村优秀领导干部、“科技能手”、“环境保护带头人”和高素质的新型农民，这对建设环境优美、生态优良、村容整洁的社会主义新农村至关重要。

参考文献：

[1] 陆学艺．社会主义新农村建设与中国现代化．江西社会科学，2006，

(4)：7～21

[2] 黄国勤，石庆华．中国生态安全问题研究．江西科学，2006，24 (2)：194～200

[3] 黄国勤．江西省生态安全面临的问题和生态建设对策．安全与环境学报，2006，6 (2)：67～74

[4] 黄国勤．江西社会主义新农村建设探讨．2006 年中国农学会学术年会论文集：循环农业与新农村建设．中国农学通报，2006，22 (专集)：150～154

[5] 黄国勤，现代农业生态示范村——江西新农村建设的探索，学会(2006 第五届海峡两岸科技与经济论坛论文集)，2006 年 1 月：253～255

[6] 许建红，黄国勤．加速信息化，建设新农村．江西农业大学学报（社会科学版），2006，5 (1)：41～43

社会主义新农村建设中的农业面源污染及其综合防治*

摘　要： 建设社会主义新农村必须要重视农村的环境保护，而农业面源污染是当前农村普遍存在的环境问题。农业面源污染对农村生态环境的影响和危害甚大，尤其是对水资源和土地质量的危害更为严重。本文概述了农业面源污染的现状，分析了农业面源污染产生的危害及其原因，提出了农业面源污染的综合防治对策，对当前我国建设“村容整洁”的社会主义新农村具有重要的现实指导意义。

关键词： 新农村建设；村容整洁；农业面源污染；危害；综合防治

1 引言

当前，全国各地广大农村都在大力进行社会主义新农村建设，把建设“村容整洁”的社会主义新农村作为重要目标来抓。显然，建设“村容整洁”社会主义新农村，必须要重视农村的环境保护，要把农村环保作为环境保护工作的重点之一，纳入到党和国家的议事日程中。

---

* 本文作者：廖萍、刘明宽、黄国勤。原载《农业科技创新与社会主义新农村建设——华东六省一市农学会2006年学术论坛论文集》（浙江省农学会编），中国农业科学技术出版社，2006年11月，第123～128页。

目前，相对工业污染治理和城市生活污染治理来说，我国农村的面源污染防治是一个相对薄弱的环节。在农业生产活动中，化肥、农药、农膜等化学制品的大量使用，未腐熟的作物秸秆和畜禽粪便的广泛使用，以及城乡生活垃圾等废弃物的直接排放，由此所造成的农业面源污染已是相当普遍，尤其是有些农村，畜禽粪便和作物秸秆乱堆、乱放，厕所与水井相邻，污水横流。有些农户房屋有门无窗，阴暗潮湿，空气污浊。有些地区面源污染甚至占到江河湖库污染负荷的40%～60%。同城市的点源污染相比，农村面源污染更难以控制和治理。可见，研究和分析农村面源污染的现状、问题及造成的危害，并采取有效措施，对于建设“村容整洁”的新农村具有重要意义。

2 现状

当前，由于化肥、农药、农膜和畜禽粪便等不合理的使用，已造成我国广大农村农业面源污染十分严重。具体表现在：

2.1 化肥污染

化肥污染突出表现在用量过高、肥料配比不合理和流失严重3个方面。首先，从化肥用量来说，中国耕地化肥使用平均水平（折纯量）达375千克/公顷，单位耕地面积化肥施用量是美国的4倍，大大超出了发达国家设置的225千克/公顷的安全上限，一些蔬菜基地化肥使用量高达1 000千克/公顷；其次，在肥料配比上，全国N：P：K为1：0.45：0.17，氮肥用量偏高，重化肥，轻有机肥，造成土壤酸化，地力下降，等等；最后，从化肥流失情况来看，由化肥过量施用引起的氮磷流失进入水体的污染负荷，已经远超过于工业点源污染所占的负荷，中国太湖、滇池和巢湖地区农业面源污染所占水污染负荷达1/3～1/2。

2.2 农药污染

由于农药残留造成的农村农业环境污染也是极其严重的。中国农药单位用量比发达国家约高1倍，但农药的利用率比发达国家低10%～20%，且毒性大，环境释放率大，施入农田后，真正对植物进行保护的数量仅占使用量的10%～30%，约有20%～30%进入大气和水体，50%～60%残留于土壤，通过生物链循环富集，致使农、畜、水产品受农药污染日趋普遍，不少鲜果、鲜菜、鲜茶等农产品因此不能出口。

2.3 农膜污染

由农用塑料薄膜（简称农塑）造成的农村农业环境污染有增无减，尤其是近20年来，中国农用塑料使用量迅猛增加，特别是地膜的用量和覆盖面积均已居世界首位。例如：2003年河北省农膜年使用量8.9万吨，比2001年的6.9万吨增长29%，其中地膜使用量4.99万吨，地膜覆盖面积达864.55千公顷。同样，1990年湖北省化学农膜使用量只有2.3万吨，农膜使用占总耕地面积只有10.4%，2003年增至5.6万吨，农膜使用占总耕地面积达到了20%。农用塑料的大量使用，加之不合理使用非环保型农膜，残膜回收率低，导致了严重的“白色污染”，农膜残片积留在农田中对环境造成了以下几个方面危害：影响农田机械耕作；影响农作物根系的伸展，容易造成作物倒伏、死苗、弱苗和减产；影响土壤结构；影响正常灌溉；农膜残片容易随作物秸秆进入饲料，造成农畜误食农膜残片而死亡。

2.4 畜禽粪便污染

分析研究表明，动物排泄物中含有丰富的有机物和氮、磷、钾等养分，同时也能供给作物所需的钙、镁、硫等多种矿物质及微量元素，满足作物生长过程中对多种养分的需求，对提高土壤肥力，改良土壤性质和增加作物产量都有很好的作用，因而可以被用作肥料还田。在很长一段时间内，农业生产一半以上的肥料都是由动物粪便提供的。然而，近年来畜禽养殖规模越来越大，生产集约化程度越来越高，并与种植业日益脱节，产生的畜禽粪便污染在一定的时空范围内没有足够的土地将其消纳，却又不加处理地任意堆弃和排放，对大气、土壤和水环境造成严重的污染。2005年，猪、牛、鸡三大类畜禽粪便总排放量达30.87亿吨，粪便中的COD（化学需氧量）含量7 741万吨，是全国工业和生活污水排放COD的5.07倍。目前，我国8 242个规模养殖场亟须进行污染治理。

3 危害

由农业面源污染带来的危害是多方面。具体表现在以下几方面：

3.1 水体污染

由于化肥、农药及畜禽粪便的影响造成水质恶化。化肥、农药的大量施用使广大农村地区浅层水大面积污染，地下水中的微量有毒有机污染物危害较大，通常具有“三致”（致癌、致畸、致突变）作用，并能通过生物链积累和放大，对人体造成严重危害。地下水污染给中国饮水安全带来严重威胁。据研究，在太湖水域，来自农业径流的N和P分别占28.95%和13.03%，在中国北方地区，14个县市的69个点位的调查表明，37个点位的地下水NO_3^-含量已高达50毫克/升。

3.2 土壤污染

近年来，由于化肥的大量使用，不仅造成了因农业非点源污染所导致的湖泊与海洋的富营养化，而且造成了因土壤淋滤导致的地下水的硝酸盐和亚硝酸盐的污染。同时，由于超负荷地使用农药，一些土壤的生产功能、调节功能、自净功能和载体功能受到了严重的损害。据估计，中国受农药污染的土地已达到1.3亿公顷。

不仅如此，畜禽养殖对土壤也产生较为严重的污染。例如，江西省南昌县八一乡涂埠村每年可产生猪44 000头左右，该村每年至少向周围排出猪粪便11.5万吨；江西省国鸿实业有限公司年出栏商品猪达5万余头，日排放污水600余吨，日产鲜粪60

余吨。有大量的猪粪产出，就必须有相应的场所堆放，因此养殖户不得不将原用于种植农作物的土地用来堆放猪粪。此类土地即使今后将猪粪清除，在一定时间内仍难以耕作。这是由于猪粪尿中未被消化的蛋白质、脂肪和糖类有机质在超过土壤的自净能力时，会出现降解不完全和厌氧分解，引起土壤的组成和性状发生改变，使自净能力受到破坏。

3.3 空气质量下降

笔者在调查过程中发现鄱阳湖区一些地方畜禽养殖的密度过高，并且将猪粪便直接倾倒户外，使得整个村子的空气中都散发着臭气。这些臭气是因在厌氧条件下，畜禽粪便经微生物的作用，分解出大量氨气、硫化氢、甲硫醇和粪臭素等恶臭气体。养殖户的住宅被猪舍包围，夏季臭气太浓，人们只能生活在密闭的屋内而不能打开门窗。

另外，农药、化肥等的施用，由于它们自身的挥发性，会有很大一部分直接进入到大气中，从而对大气产生多方面不良的影响！农药施用后，一部分药剂作用于靶标起到防治作用；另一部分药剂经蒸发作用或直接漂浮在空气中，所以大气中的农药有气体状态和固体状态。漂浮的农药微粒一部分悬浮在空气中，一部分被空气中的尘埃吸附，经受雨雪溶解或冲淋而返回地面。许多研究还发现，水田土壤由于过多地使用肥料以及不适当的耕作与水分管理，致使向大气圈排放了较多的 CH_4 和 N_2O 气体，因而对温室效应和臭氧层的破坏起到了加速作用。

4 原因

当前，我国大部分农村农业面源污染突出，其主要原因在于：

4.1 重视不够

对农业面源污染的重视程度不够，是导致农村农业面源污染日益严重的首要原因。工业污染危害，人们开始认识和重视。但是，对于农业面源污染的危害在重视程度上还非常不到位。一是管理层重视不到位。由于农业面源污染危害是一个慢性积累过程，在短时间内很难看出受害症状。因此，各级在抓农业生产、农民工转移、农村小城镇建设时，重点放在短时间内能增产增收、影响大、见效快的项目上。对农业面源污染危害，无论是在认识程度、舆论引导，还是在政策配套、资金投入上都有差距。二是科技层重视不到位。在农业科技人员中，关注和参与农业面源污染防治研究的人员少，经费缺，研究领域窄，相关技术结合不够，具有突破性的成果少，示范推广才开始起步。三是农业的生产者重视不到位。有些农民不知道农业生产会带来农业面源污染，或知道农业面源污染危害，不知道怎么防治，或知道危害，但受经济利益的驱动而为之。

4.2　自身特点

与工业“点源污染”比较起来，农业面源污染有其自身特点，这也是造成农业面源污染加剧的重要原因之一。一般来说，农业面源污染具有3个明显的特点：一是排放主体的分散性和隐蔽性。与点源污染的集中性相反，面源污染具有分散性的特征，它随流域内土地利用状况、地形地貌、水文特征、气候等不同而具有空间异质性和时间上的不均匀性。二是随机性和不确定性。例如，农作物的生产会受到自然的影响（天气等），因为降雨量的大小和密度、温度、湿度的变化会直接影响化学制品（农药、化肥等）对水体的污染情况。三是不易监测性。这是指对面源污染的管理存在成本过高，只能对受害地监测，很难监控排污源等情况。

4.3　方法不当

对农用生产资料使用的方法不当、不科学，容易产生农业面源污染。如生产上施用化肥，采用洒施、面施、偏施和过量施用比较普遍，这就必然导致肥料利用率低，流失、污染严重。农药的施用，采取大剂量高残留“一药多用”的现象随处可见，缺乏针对性用药，以致农作物在一个生长周期内，用药次数越来越多，用药量越来越大，污染也就越来越重。农膜的生产应用上，重覆盖利用，轻检集回收，以致在山区和城郊地膜覆盖过的农田，出现白色残留碎膜到处都是。

4.4 治理不力

由于财政渠道的资金来源不够，已导致污染治理不力。必须注意到，城乡分治战略使城市和农村间存在着严重的不公平现象。具体到环保领域，主要指城乡地区在获取资源、利益与承担环保责任上严重不协调。长期以来，中国污染防治投资几乎全部投到工业和城市。城市环境污染向农村扩散，而农村从财政渠道却几乎得不到污染治理和环境管理能力建设资金，也难以申请到用于专项治理的排污费。

环境保护尤其农村环境保护本身是一项公共服务，属于责任主体难以判别或责任主体太多、公益性很强、没有投资回报或投资回报率较小的领域，对社会资金缺乏吸引力，政府必须发挥主导投资作用。由于农村聚居点和小城镇由于单体市场规模小，其基础设施建设和运行难以进行市场化运作，因而必须依赖财政资金。而乡镇和村一级行政组织普遍财源不够，连应付生产性基础设施建设都不够，更难以建设污染治理基础设施。这就造成了农村聚居点污染日趋严重并将继续严重。

另外，目前我国在实施农业和农村环境保护建设项目上，还存在着资金分散、重复建设和“自上而下”的决策等现象。例如，面源污染的治理资金分散到农业、水利、环保等部门，导致一个需要环环相扣才可能行之有效的治理方案变成各部门步调不一致的局部行动，自然效果不佳。由于采用“自上而下”的决策机制，在政治目标最大化的激励下，对于能增加政绩的公共服务，呈现出一种较高的供给热情。而人居环境基础设施这样没有进入地方官员政绩考核体系的公共服务，即便农民已经有了需求，也很难提到地方政府的操作层面上来。

4.5 扶持不够

由于扶持措施不够、不得力，导致农村面源污染治理的市场化机制难以建立。我国对城市和规模以上的工业企业污染治理，制定了许多优惠政策，如排污费返还使用，城市污水处理厂建设时征地低价或无偿、运行中免税免排污费，规模以上工业企业污染治理设施建设还可以申请用财政资金贷款贴息等。而对农村各类环境污染治理，却没有类似政策。由于农村污染治理的资金本来就匮乏，贷款授信程度低，建立收费机制困难，又缺少扶持政策，因此，农村污染治理基础设施建设和运营的市场机制难以建立。

4.6 治理模式不适

治理农业污染的模式不适宜、不适合，必然导致农村环境污染治理效率不高。当前，我国农村的 3 类环境污染，套用解决城市污染和规模以上工业企业污染的主要手段——末端治理存在技术、经济障碍。除了面源污染难以收集污染物外，其他类污染用末端治理常会出现既治不起也治不净的情况。规模以上工业企业的污染治理由于其污染排放的集中性、污染物相对的单一性和企业经营相对的大规模等特点，末端治理方法在多数情况下是适用的甚至是最佳的。而农村的生活污染、乡镇企业污染以及集约化畜禽养殖场污染，采用末端治理则会因为污染治理设施建设和运行的“最小经济规模限制”、“低处理率限制”以及“高折旧率限制”而不可行。

5 综合防治

新农村进程中的环境污染问题是典型的发展不当和发展不足带来的问题。解决此问题必须看到一个重要约束——在未来相当长的时期里，我国城乡分割的二元社会结构可能仍将继续存在，仍然会有相当多的人以小规模的农业经营为生。此约束决定了农业面源污染治理可采取的措施是有限的。它们首先必须确保农民受益并有利于改善农民的生活，任何激进的、外部输入性的、单纯管制性的政策都有可能面临失败。许多新兴工业化国家如韩国等的经验也说明这种问题必须在不影响经济增长、社会发展目标和发展速度的情况下统筹解决，即兼顾“生产发展、生活改善、生态良好”。这与中央提出的新农村建设“生产发展、生活宽裕、乡风文明、村容整洁、管理民主”目标的思路是一致的。因此，在新农村建设中应采取以下 4 方面的对策：

5.1 加强管理，完善农村环境保护基本制度和基础体系建设

加快农业环境立法步伐，尽快起草《全国农业生态环境保护条例》、《农田污染防治办法》等专门法规，使农业面源污染防治走上法制化管理的轨道。明确部门和地方政府职责，加快农业面源污染防治制度建设，研究制定旨在防治农业面源污染的农业投入品污染防治管理办法等部门规章。各级地方政府应从本地实际出发，制定地方性农业环境保护的法规、规章和标准，加大执法力度。在全国范围内开展农业面源污染的全面调查和监测，掌握不同地区的主要农业面源污染源包括污染范围和污染程度等，因地制宜地制定各地区防治农业面源污染的总体规划和相应的实施方案，把农业面源污染的治理作为中国农业环境保护工作的重中之重。

在管理制度建设中，应抓好 3 个重点：一是制度推行，二是机构和能力建设，三是计划和规划制定。首先是逐步推行建设前环境影响评价、“环保三同时”和排污收费等环境管理制度。推行环境目标责任制度要真正做到县长、乡长等行政一把手对管辖范围内的环境质量负责，乡镇企业法人对本企业影响范围内的环境质量负责。并将“环保三同时”制度应用于新村建设、农村生活垃圾和污水收集处理系统建设等。其次是加强环境保护的机构和能力建设，完善农村环境管理基础体系建设，逐步实现城乡环境保护监督管理一体化。第三是将农村环境保护体现在国家和地

方的有关计划和规划中。在地方规划中应坚持经济建设、城乡建设和环境建设同步规划、同步实施、同步发展。县域环境保护规划的重点内容应是环境功能区划和环境保护控制性规划，有条件的应编制县域环境容量规划。通过编制小城镇和新农村建设规划、工业园和畜牧园区规划，逐步实现人居环境和生产环境的分离。

5.2　依靠科学，积极推广农业面源污染防治技术

利用科学的农业生产综合技术，在政府部门的领导下，选择典型地区，建立以化肥、农药结构调整和品种改良，畜禽粪便综合治理，农作物秸秆、废旧塑膜和生活垃圾治理为主的面源污染综合治理示范区，大力推广使用高效、低毒、低残留农药，推广生物防治技术和综合防治技术；改进施药器械，提高农药使用效率，防止农药污染；鼓励使用有机肥，推广配方施肥、平衡施肥技术，提高化肥利用效率，减少化肥流失。制定有关扶持政策，大力推广畜禽粪便发酵污染处理等成熟的畜禽粪便处理利用技术，从源头控制农业面源污染。大力发展生态农业，构筑起预防、控制农业面源污染的农业生产体系，提高全国农业面源污染治理的力度，走可持续发展道路。

5.3　推行农村环境管理和面源污染治理的“自上而下”的筹资机制和“自下而上”的决策机制

与城市不同，农村环境管理和污染治理既缺乏财政来源，也缺乏筹资对象。在新农村建设中应全面贯彻“以城带乡、以工促农”政策，推行农村环境管理和污染治理的“自上而下”的筹资机制，加大财政资金的专项转移支付力度，明确解决农村环境问题的资金渠道和部门责任，使农村的环境管理体系建设和聚居点的污染治理基础设施建设有明确的资金来源。同时，应加大排污费资金用于农村环境污染治理的比例，以体现对受害者的补偿。

“开源”之外，必须采取有力的“节流”措施，即要有针对性地解决部门分割、重复建设以及“自下而上”决策等问题。对于农村面源污染这样涉及面广的污染，应将治理资金集中到一个部门统一调配。对于农村聚居点的公共服务资金使用方式和方法，应逐步建立农民自主决策机制。

5.4 多方配合扶持建立乡镇企业和农村聚居点污染治理的市场化机制

应从财政、税收、信贷、价格等渠道制定优惠政策，降低乡镇企业和农村聚居点的污染处理设施建设和运营成本，为专业污染治理公司留出足够的市场化条件下的生存空间。例如浙江省变“谁污染谁治理”为“谁治理谁收费”，从信贷、土地价格、税收减免以及排放收费等方面扶持具有环保设施运营资质的专业公司。在污染企业集中到特色工业园区后，由其负责集中治理，从而解决了乡镇企业污染治理设施技术落后、“不经济”的难题，环境监管也变得容易。

参考文献：

[1] 张维理，武淑霞，冀宏杰，Kobe H. 中国农业面源污染形势估计及控制对策 I. 21 世纪初期中国农业面源污染的形势估计［J］. 中国农业科学，2004，37（7）：1 008～1 017

[2] 杜艳萍. 山西农业面源污染及防治对策［J］. 中国农学通报. 2004，11（20）：39～41

[3] 安沫平，刘峰. 河北省农业非点源污染现状及防治［J］. 中国农学通报. 2004，11（20）：37～38

[4] 彭奎，朱波. 试论农业的非点源污染与管理［J］. 环境保护，2001，（1）：15～17

[5] 张大第，李冠峰，李艳萍. 我国粪便处理现状与治理对策的研究［J］. 环境污染治理技术与设备，2003，3：9～11

[6] 范成新，季江，陈荷生. 太湖富营养化现状、趋势及其综合整治对策［J］. 上海环境科学，1997，16（8）：4～7，17

[7] 张维理等. 中国北方农用氮肥造成地下水硝酸盐污染的调查［J］. 植

物营养与肥料学报，1995，1 (2)：80～87
[8] 周启星，高拯民．土壤-水稻系统 Cd-Zn 的复合污染及其衡量指标的研究 [J]．土壤学报，1994，32 (4)：430～436
[9] 周启星．农业环境科学进展与中国农业和乡村的可持续发展生态研究与探索 [M]．北京：中国环境科学出版社，1997

农村资源、生态、环境问题与社会主义新农村建设*

摘　要： 当前农村存在许多问题，如耕地减少，水资源匮乏，生物入侵，环境污染等。这些问题的存在都不利于社会主义新农村建设。社会主义新农村建设要求生产发展、资源持续、村容村貌整洁。本文根据当前农村存在的问题，结合新农村建设的要求，提出了建设"生产发展"、"村容整洁"的社会主义新农村的对策和措施，供有关方面参考。

关键词： 资源；生态；环境；新农村建设；对策

Abstract: Currently the countryside is faced with many problems including the diminishing farmland, water shortage, ecological invasion, and environmental pollution, which are all barriers to the task of constructing socialist new countryside. Production development, sustaining resources and neat and tidy appearance are all required by the task. The paper elaborates on the existing problems in the countryside and the requirements of the new rural areas and then proposes some countermeasures for the construction of new socialist countryside.

Key words: recourses; ecology; environment; construction of new countryside; countermeasures

---

* 本文作者：黄禄星、黄国勤。原载《中国生态经济学会 2006 年年会论文集》(中国生态经济学会主办，青岛大学承办)，2006 年 11 月，第 278～283 页；后经修改、完善，发表于《江西农业大学学报》(社会科学版) 2006 年第 5 卷第 3 期第 27～30 页。

农村的主体是农民，农民所进行的主要生产活动是农业，维持农民生活和农业活动的基础是农村的资源、生态与环境。农村的资源、生态与环境的优劣直接关系到农村、农业和农民。当前农村面临许多问题，这些问题必须在社会主义新农村建设中得到解决。

1　当前农村面临的资源、生态与环境问题

1.1　资源问题

在农村主要的资源是耕地资源和水资源，耕地和水都是农民赖以生存和发展的基础。然而，这两种资源在我国人均占有水平却非常低，且均面临诸多问题。

(1) 耕地资源短缺。人均耕地迅速下降，我国现有土地面积居世界第三位，但人均耕地不及俄罗斯的1/8，美国的1/6，加拿大的1/15，甚至只有印度的1/2。我国东南部人口密集地区，人均耕地早已不能满足吃饭的需要。全国已有666个县突破了联合国粮农组织确定的人均耕地0.053公顷（0.8亩）的警戒线，其中463个县人均耕地已不足0.033公顷（0.5亩）。中国历史上人均耕地最多时（1724年）曾达到2公顷，20世纪最高水平（1910年）也曾达0.24公顷。1949年新中国成立时全国人口达到54 167万人，人均0.2公顷耕地。截至2005年10月31日，全国耕地面积1.22亿公顷。人均耕地面积已由10年前的0.106公顷（1.59亩）和2004年的0.094公顷（1.41亩），逐年减少到0.093公顷（1.40亩），仅为世界平均水平的40%。

根据国土资源部公布的2005年度全国土地利用变更调查结果显示，2005年度全国耕地面积净减少34.96万公顷。耕地后备资源已严重不足，全国现有后备耕地资源0.133亿公顷。按60%成垦率计，可开垦耕地只有0.08亿公顷。我国耕地的严峻形势，无疑是影响社会主义新农村建设的“瓶颈”问题。

(2) 水资源匮乏。水，是农业必须依赖的两大资源之一。如

果说，国家对土地资源响起的“红色警报”已经采取了强有力的措施的话，那么，农村水资源所面临的危机则还没有得到足够的重视。事实上，农村水资源的警报级别已经上升到“红色”的最高级。我国人均水资源量仅为世界人均水平的1/4，是一个“贫水国”，我国同时是一个农业大国，而农业是水资源利用的主要产业之一。目前，我国农村水资源存在以下突出问题：

一是水资源分布不均。从水资源总量来看，2000年，东部地区水资源总量为5 352亿 m^3，占全国的19.3%；中部地区为6 596亿 m^3，占全国的23.8%；西部地区为15 753亿 m^3，占全国的56.9%（西南占全国的48%，西北占全国的8.9%）。

二是水资源浪费严重。在原本匮乏的背景下，还存在着水资源的严重浪费，尤其是粮食生产用水效率低。在农业灌溉面积中，只有很少的部分采取的是节水灌溉，而绝大部分采取的是粗放用水方式，大水漫灌。下列数据可以很好地说明这个问题。2003年，东部地区灌溉面积中，节水灌溉面积只占35.58%，中部地区节水灌溉面积占灌溉面积的比例为23.02%，西部地区节水灌溉面积占灌溉面积的比例为37%。

三是缺水与饮水安全没有保障。保障饮水安全是建设小康社会的重要内容。有关资料表明，全国还有3亿多人口饮水存在不安全因素。农村饮水安全面临的主要问题是水资源短缺、水污染严重和由水引发的地方病和水传染病威胁着农村广大农民的生命安全，加上农村供水工程标准低，缺乏水处理设施，饮水水量和水质没有保证。造成这些问题的原因在于，工业废水和生活污水的不达标排放，农药、化肥和各种化学杀虫剂的用量不断增加，严重地污染了地表水和浅层地下水资源。

1.2 生态问题

(1) 水土流失。目前，广大农村存在的水土流失仍然是面广、量大。中国已有4 200万公顷的耕地出现了不同程度的水土流失，占全国耕地总面积的43%左右；每年约有50亿吨泥沙流入江河湖海，其中62%左右来自耕地表层。水土流失的绝对面积仍占国土面积的1/3以上，大江大河上中游等生态脆弱地区水土流失仍很严重，局部地区还存在恶化趋势；另一方面，风蚀面积有所增加。在全国水蚀面积减少的同时，风蚀面积由188万平方公里，增加到191万平方公里，增加了3万平方公里。因此，形势不容乐观，治理任务还十分艰巨。我国西部地区，特别是大江大河上中游地区，水土流失严重，生态恶化的趋势尚未得到有效遏制。在东、中部水蚀面积减少的同时，西部12省（区、市）却增加3个百分点。全国宜治理的水土流失面积仍有近200万平方公里。2005年全国水土流失面积356万平方公里，占国土总面积的37.1%，其中，水力侵蚀面积165万平方公里；风力侵蚀面积191万平方公里。水土流失主要分布在山区、丘陵区和风沙区，特别是大江大河中上游地区。全国因水土流失每年流失土壤50亿吨。

（2）生物入侵。生物入侵带来的危害巨大，不仅造成生态破坏、生物污染、生物多样性消失，而且使农、林业遭受经济损失，更严重的是威胁人类健康等。

据国家环保总局公布的数字，目前已有16种外来物种在我国形成严重危害，仅这些外来物种每年入侵的林地面积已达150万公顷，农田面积超过140万公顷。威胁人类健康和生态环境的一些入侵物种还是新的疾病的病源。例如，原生于北美的豚草，目前已入侵到我国15个省市区，每年一到豚草的花期，它的花粉就会导致在花粉过敏症人群中爆发流行枯草热病。入侵物种给我国带来的更大灾难，是对生态环境的破坏。能够成功入侵的外来物种，往往具有先天的竞争优势，一旦在新的滋生地摆脱了人类的控制和天敌的制约，就会出现爆发性的疯长，排挤本土物种，形成单一优势种群，最终导致滋生地物种多样性、生物遗传资源多样性丧失。在广东，外来种薇甘菊大片覆盖香蕉、荔枝、龙眼、野生桔及一些灌木和乔木，致使这些植物难以进行正常的光合作用而死亡。云南省昆明市的滇池草海，随着水葫芦的大肆“疯长”，过去曾有16种本地高等植物，目前只剩下3种。一些恶性杂草，如紫茎泽兰、微甘菊、豚草等，抑制其他植物发芽和生长，排挤本土植物并阻碍植被的自然恢复。农业部总经济师朱秀岩2005年9月19日在“亚太经合组织外来入侵生物防治国际研讨会”上说，目前已有400多种外来物种“全面”入侵我国，在国际自然保护联盟公布的全球100种最具有威胁的外来生物中，入侵我国的物种有50余种，其中11种主要外来生物每年给我国造成的经济损失高达570亿元。

1.3 环境问题

（1）农业自身造成的农村环境污染。

一是不合理使用化肥、农药、农用薄膜等化学品造成的环境污染。2004年我国化肥施用量4 412万吨，居世界第一位。化肥在使用过程中，约有70%残留于环境中，造成污染。同时，随着农作物害虫抗药性的增强，农药使用量每年仍以10%的速度递增。2004年全国农药施用量132万吨，其利用率低于30%，70%以上的农药散失于环境之中，大部分农药残留在土壤、水体作物和大气中。造成了对粮食、蔬菜以及大气、水体、土壤等环境要素的污染。此外，农业生产中使用塑料薄膜，由于不注意回收清理而给农村带来了“白色污染”。

二是规模化畜禽养殖业废弃物对农村环境的污染。近几年来，由于畜禽养殖业从分散的农户养殖转向集约化、工厂化养殖，禽畜粪便污染大幅度增加，成为一个重要的污染源，严重污染了环境并影响了农村居民的生产生活。

三是农村本身的生产方式与方法对环境所产生的污染。在播种时采用农药拌种，提高了植物自身农药的残留量从而影响了植物的质量；植物生长期进行大水漫灌，加剧了土壤的盐碱化程度、改变了土壤的正常结构；农业生产残留物不合理处理，如秸秆的燃烧不仅浪费能源，而且使环境污染进一步加剧。

(2) 由工业、乡镇企业和其他污染源造成的农村环境污染。

一是乡镇企业的快速发展对农村环境造成严重污染。20世纪70年代以来，乡镇企业发展十分迅速，已成为我国农村经济乃至整个国民经济和社会发展中不可替代的力量。但由于乡镇企业数量众多、布局混乱、工艺陈旧、设备简陋、技术落后、能源消耗高，绝大部分企业没有污染防治设施，使污染危害变得非常突出，成为农村社会的最大污染源。

二是生活废弃物对农村环境的污染。我国人口快速增长，村镇规模不断扩大，人民生活水平日益提高，引发村镇的生活废弃物也在不断增加。由于资金、技术以及其他多方面的原因，村镇的生活废弃物处理设施的建设及容量都不能满足实际的需要，相当多的村镇废弃物不经任何处理就直接排出，严重污染了农村当地环境。

三是城镇工业废物、建筑生活垃圾等向农村蔓延。由于城市对重污染企业的种种限制，使得这类企业向农村转移，成为农村污染的重要来源。据调查显示，我国因固体废物堆存而被占用和毁损的农田面积已达13.3万公顷以上，有533.3万公顷以上的耕地遭受不同程度的大气污染，全国利用污水灌溉的面积已占全国总灌溉面积7.3%，比20世纪80年代增加了1.6倍。因为环境污染，造成每年粮食减产100亿千克以上，直接经济损失达125亿元。

2 社会主义新农村建设的内涵和要求

党的十六届五中全会指出，“社会主义新农村建设是我国现代化进程中的重大历史任务”，并具体提出了新农村建设的20字要求，即生产发展、生活宽裕、乡风文明、村容整洁、管理民主，指明了今后一个时期农村发展的方向。

2.1 生产发展的基本要求

生产发展，就是要打牢社会主义新农村建设的物质基础，推进社会主义新农村建设，发展高产、优质、高效、生态、安全农业；加快农业标准化，健全农业技术推广、农产品市场、农产品质量安全和动植物病虫害防控体系，合理利用资源，大力发展循环经济，促进农业可持续发展，坚持最严格的耕地保护制度，加强农田水利建设，确保基本农田数量不减、质量不降、用途不变。要通过社会主义新农村建设，加快发展农业和农村经济，使农业基础地位更加巩固，农业物质技术条件明显改善，土地产出率和劳动生产率明显提高，农业综合效益和竞争力明显增强，农业现代化进程明显加快，为国民经济发展做出更大贡献。

2.2 村容整洁的具体要求

村容整洁，就是要改善农村的人居环境和村容村貌。目前，我国农村有3万多个乡镇，68万多个村，2.5亿多农户。要加强农村环境建设，开展农村生活垃圾、沟渠水塘、院落畜圈的整治，加强危旧房屋更新改造，创造良好的生态环境和优美的生活环境，搞好乡村建设规划，因地制宜地建设具有民族特色和地域风情的民居民宅，美观实用，节约土地。要通过社会主义新农村建设，使农村的发展得到合理规划，房舍排列有序，道路硬化清洁，垃圾集中处理，厕所卫生整洁，人畜合理分离，绿树环绕，空气清新。

3 建设社会主义新农村的具体对策和措施

由前面分析可知，就我国农村的现状来看，还远不能满足社会主义新农村建设的要求，离“生产发展”、“村容整洁”的目标相差甚远。我国的耕地资源、水资源十分贫乏，要做到可持续发展，必须确保资源的可持续利用，生态环境的改善、美化、优化。为此，必须采取以下对策和措施。

3.1 建立和完善相关法律、法规，保护和利用好现有资源，促进社会主义新农村建设的向前发展

(1) 严格执行现有的法律和法规。必须严格执行现有的

法律和法规，如对耕地、水资源的保护，要坚持严而又严的总要求，实行严格的管理制度和各种有效措施。严格按规划办事，充分发挥规划在宏观调控上的作用。在资源供应的总量、结构、布局上，区别情况分别采取鼓励、允许、限制、禁止等不同政策，并综合运用价格、税率等经济杠杆和技术、法规、行政的手段，采用适合国情和经济发展要求的资源运营、监督机制，实现宏观调控的政策目标。在保护耕地的具体措施上，如实施“退宅还耕”工程，我国耕地或土地的最大占用和浪费，是农村宅基地和村边废弃土地。目前，我国广大农村存在着村庄迁移的趋势，一种情况是一个村庄的许多人家，长年外出做工或经商，宅基地闲置；另一种情况是，村庄向外围扩散。原来居住地荒废，形成许多空壳村庄。今后20年，是我国城镇化快速推进的关键时期，乐观估计到2020年我国城市化水平将达到60%左右。也就是说，在未来20年内，将有近5亿农村人口转向城市；那么，我国将有上亿亩宅基地空出来。因此，顺应城镇化快速发展，加强村庄规划和设计，合并一些空壳村庄，促使一些小村庄和大村庄合并，减少村庄数量，扩大耕地面积。在节水的具体措施上，关键是发展节水农业，改变传统的大水漫灌方式和发展节水农作物，并要防止农村水源遭受污染等。

（2）加强农村环境保护的法制建设。现行环境保护的法律、法规对农村环境的相关规定过于原则或立法时对环保的特殊性未予充分考虑。因此应根据国家法律的原则规定和农村环境保护的特殊性，制定和实施农村环境保护的地方性法规、规章以及专项管理制度。如农业废弃物堆存处置制度、农村生活垃圾清运处理制度、畜禽饲养环境管理制度等。有些难以形成制度的管理内容，可列入乡规民约。总之，对各种可能导致环境污染和破坏的行为做出相应的管理规范，让广大村民有所遵循。另外，要加大对农村环境保护的执法力度，建立农村环境保护长效管理机制。加大环境保护的法律法规贯彻和执行力度。一是开展区域性的农村环境污染综合治理活动，建立农村环境和卫生长效管理机制；二是落实环境保护领导责任制，将环境质量和环境保护工作列入各级政府领导干部政绩考核的主要内容，确保认识到位、责任到位、措施到位、投入到位；三是建立激励与约束机制，抓紧出台完善有关农村生态环境保护的考核办法，明确任务职责，实施目标考核，使农村生态环境保护走上经常化、规范化、制度化轨道。

（3）建立和完善防御外来有害生物入侵的法律法规体系。参照世界贸易组织《实施卫生与植物卫生措施协议》（SPS 协议）和世界动物卫生组织、国际植物保护公约制定的标准、建议和指南，修改和完善《进出境动植物检疫法》、《国外引种检疫审批管理办法》等法律法规，消灭空白点，堵住漏洞，减少交叉，或制定专门的外来有害生物防御法，规范外来有害生物入侵的防范工作，进一步完善检疫法规体系。

3.2 保护农村生态、改善农村环境，建设村容整洁的社会主义新农村

（1）加强农业科技普及和进步，减少农业自身的环境污染。加强农业科技管理技术的基础研究，加速农业科技成果的转化，实现农业粗放经营向集约经营转轨，大力推广增施有机肥、复合肥和改进施肥技术，防止盲目施用化肥，加速研究性能稳定、低成本、易降解和分解的降解膜。严禁使用剧毒和残留期长的农药，提倡使用生物农药、低毒农药，推广有利于减少病虫害发生率的耕作方式。开发生产无污染的农、牧、水产品，建设有机食品和绿色食品生产基地，发展生态农业。

（2）采取有效措施防止城市企业污染转嫁给乡镇企业和广大农村。按国务院的有关规定，坚持取缔、关停污染严重，治理无望的“十五小”企业，防止城市中已禁止生产的、污染严重的产品通过委托或联合加工的方式把污染转嫁到农村，防止城市中的一些企业把被淘汰的、污染物排放量很大的装备或落后的生产工艺转嫁给乡镇企业。对乡镇企业的发展进行合理区划和布局，实行乡镇企业污染集中控制。

（3）加大农村环保投入。环保投入的实质是对环境的一种补偿，是实现环境质量改善的重要保证。地方人民政府要将环保投入列入本级财政支出的重点内容并逐年增加，加大对污染防治、生态保护的资金投入，设立基金，重点解决所辖地区污水和生活垃圾的处理。有条件的地方如城镇应该征收垃圾处理费，并从有限的村财政和乡财政中抽出部分资金用于农村环境卫生维护，乡村也应该设有专职的环卫人员行使一定范围的保洁和环境卫生监督职责。引导社会资金参与农村环境保护基础设施和有关工作的投入，完善政府、企业、社会多元化环保投融资机制。

（4）加强环境保护宣传教育。通过开展经常性的环保知识和政策法规的宣传教育活动，使农村干部群众和企业法人进一步增强对搞好环保和生态建设重要意义的认识，引导广大城乡居民理解、支持并参与环保事业，营造人人参与环保、人人爱护环境的良好氛围。

参考文献：

[1] 侯格平．资源短缺的现实与可持续发展［J］．甘肃农业，2006，(1)：68

[2] 国土资源部公布2005年度全国土地利用变更调查结果［OL］．中央人民政府网（www.gov.cn），2006－04－04

[3] 于法稳．农村水资源警报［J］．瞭望新闻周刊，2005，(16)：32～33

[4] 翟洪波，魏晓霞，许连臣．中国水土流失状况点评［J］．中国林业，2005，(12)：43

[5] 国家环境保护总局．2005年中国环境状况公报．http：//www.zhb.gov.cn

[6] 国家环境保护总局．2004年中国环境状况公报．http：//www.zhb.gov.cn

[7] 魏军花，朱迎松，徐海辉．我国农村环境污染问题及其对策［J］．江苏环境科技，2005，18（12）：134～135

[8]《中共中央制定国民经济和第十一个五年规划的建议》［M］．北京：人民出版社，2005

[9] 吴新涛．建立农村环境污染治理长效机制促进社会主义新农村建设［OL］．人民网（www.people.com.cn）．2006－04－13

农村信息化与社会主义新农村建设*

摘　要：农村信息化建设是社会主义新农村建设的重要内容之一。作者在简要讨论了农村信息化在社会主义新农村建设中的地位和作用的基础上，分析了我国农村信息化的发展、成效及存在问题；最后提出了加速农村信息化、建设社会主义新农村的若干具体对策和措施。全文对当前我国正在进行的社会主义新农村建设具有重要参考价值。

关键词：农村信息化；社会主义新农村建设；成效；对策；中国

Abstract: The countryside informatization construction is one of the important parts in the socialism new countryside construction. Based on discussing the status and role of the countryside informatization in the socialism new countryside construction, the author analyzes the development, the result and the existent questions of the countryside informatization in our country. Finally, he proposes certain concrete countermeasures and measures to accelerate countryside informatization and to con

* 本文原载《社科研究》（世界华文传播媒体协会、香港现代教育研究会主办）2006年第10期第55～57页。该文因“具有前瞻性和学术性”，于2006年10月被世界华文传播媒体协会核心期刊《社科研究》评为优秀论文。

struct socialism new countryside. The full text has much important reference value to the socialism new countryside construction which is being carried on in our country now.

Key words: countryside informatization; construction of new countryside socialism; result; countermeasure; China

信息化是21世纪世界发展的重要趋势之一。当前我国正在进行的社会主义新农村建设的内容和目标是“生产发展、生活宽裕、乡风文明、村容整洁、管理民主”。农村信息化，是指在信息化大背景下，将具体信息技术应用到农业、农村和农民的生产和生活的方方面面，利用信息技术对农村居民（即农民）的生产、生活和生存的全过程提供全方位支持，从而使广大农民实现生产发展、生活富裕且方便，生存质量不断提高。显然，农村信息化是社会主义新农村建设的重要内容。从这一意义来说，加速农村信息化，就是加快建设社会主义新农村的具体体现。

1 农村信息化在社会主义新农村建设中的地位和作用

根据国内外的研究和实践，农村信息化在社会主义新农村建设中占有重要地位，具有多方面的作用。

1.1 促进资源转化

农业生产的本质是“资源转化”，即将光（太阳辐射能）、热、水、CO_2、矿质营养等各种无机物质资源通过绿色植物转化为有机化学潜能（即有机物）贮存在植物体内，这是初级生产（亦叫植物性生产）；若将植物性产品通过动物（或微生物）转化为动物性产品（或微生物产品如食用菌），这一过程则称为次级生产（又称动物性生产）。无论是初级生产还是次级生产，都是由“信息”控制的，其转化速度的快慢、时间的长短，以及转化量的多少、效率的高低等，都是由“信息”控制的。

农村信息化，就是要将最“新”、最“好”、最“有效”的信息和科研成果用到农业生产中，不断提高农业资源的转化效益，促进农业资源的高效转化。如在发达国家，已能将农村“垃圾”和生活“废弃物”发电，大大提高了资源的利用率，同时又改善了农村生态环境。

1.2　确保农业增产

要确保农业增产，首先必须尽量消除或减少农业灾害，尤其是作物病、虫、草、鼠害造成的损失。而要做到这一点，就需要利用最新信息技术，准确预测、预报和监控病、虫、草、鼠害的变化动态和发展演变规律。近年来，我国利用信息技术准确预报了稻瘟病、棉铃虫等的发展变化动态，成功控制的这一“生物灾害”，实现了水稻、棉花等作物的高产稳产。

1.3　提高农业效益

提高农业效益，一是要降低生产成本；二是要了解市场行情。在一定程度上来说，后者更为重要。如果信息不通，不能及时了解市场行情，尤其是不能及时了解国际市场农产品价格和销售的最新“动态”，则很可能会出现“产品滞销”、“退货”、“出口转内销”等多种“被动”局面，给农业生产和农村经济造成不良后果甚至严重损失。

而要防止上述情形的出现，就必须大力发展农业和农村信息技术，加快农村信息化建设的步伐，及时“捕捉”国内外农产品市场行情变化，并不断提高国内外农产品市场行情的预测、预报能力。只有这样，才能不断提高农业生产效益，促进农民增收。

1.4　增进国际交流

现在的世界是一个开放的世界，国际交流极为普遍和频繁。可以说，国际交流的方式、方法很多，而最快捷的方式莫过于通过计算机“网络化”，通过“互联网”。现在农村信息化发达地区（如东部经济发达省份）的有些农民或企业，可以通过互联网进行“电子商务”、“产品营销”和“农产品国际贸易”，真可谓

“小小电脑，知晓天下”、“通过计算机，游遍全世界”。

1.5 提升农民素质

首先，通过农村信息化建设，可以全面提升广大农民“信息素质”——提升农民获取信息、处理信息、应用信息的能力；其次，有了农村现代化的信息设施、设备和“畅通”的各种信息，可以大力开拓广大农民的视野，使他们进入“知识的海洋”，从而有利提高农民的“知识素质”——即增长知识，提高科技文化水平；通过广播、电视、互联网和网页、网站等现代化信息设备和手段，农民可以很快掌握先进、适用的农业“致富”信息和技术，可显著提高其“能力素质”——即能增强农民致富的“动手能力”和“实际本领”。

1.6 维护社会稳定，促进社会发展

通过广播、报纸、电视、电影、互联网和各种“特色”的专业网站等现代化“信息载体”，将党和国家的路线、方针、政策及时传送给广大农民，使农民“学有目标，干有方向”，对农民在生产实践和实际工作中正确落实“科学发展观”、维护全社会稳定、促进生产发展、构建社会主义和谐社会具有十分重要的意义。

2 我国农村信息化的发展、成效及存在问题

2.1 农村信息化的发展及其取得的成效

我国农村信息化实质工作是在 1994 年“国家经济信息化联席会议”第三次会议上正式提出“金农工程”，其目标是：建立以县域为主要信息源的农业基本情况数据库，为国家宏观调控和满足社会对农产品的总需求提供服务；建立灾情监测预报与防治和市场商情的信息系统，为引导农业生产、防灾与抗灾、增加收入、扶贫脱贫提供信息支持。

经过 10 多年的建设和发展，我国农村信息化已取得明显成效，成绩十分显著。从横向上看，已形成了以电视、电话、广

播、互联网等形成的横向农业信息化服务网络；从纵向上看，以农业部建成的中国农业信息网为核心，与专业农业门户网站以及各省（区、市）农业行政主管部门建立的农业信息网站组成一体的纵向农业信息化网络业已形成。

截止 2003 年 3 月底，涉农站点已有6 389个，网站信息内容涵盖了农业和农村经济的各个方面，涉及 13 大类 127 个子类；信息服务体系初步形成，农业部在 2002 年底的一项调查显示，有 89%的地（市）、66%的县（市）和 29%的乡建立了农业信息服务机构来为农民及时、有效地传达各种涉农信息。又据《农业网络信息》2005 年第 11 期第 7～9 页报道，2003 年 12 月在联合国“世界信息峰会”时获悉，全国 333 个地（市）中有 260 个设立了农业信息服务机构，占地（市）总数的 78%。

由上不难看出，一个以广播、电视、电话、互联网等信息技术为载体的农村信息化体系的架构在我国广大农村已经基本形成——这是一个了不起的成就。

2.2 存在的主要问题

在充分肯定取得成效的同时，应看到我国广大农村信息化水平还是比较低的，与发达国家或地区相比，还存在较大差距。

2.2.1 数量少、质量低、效益差

目前，我国有 13 亿人口，8 亿在农村。但据有关资料，我国至今仍有近 4 万个村不通公路，2%的村庄还没有通电。2004 年底乡村固定电话用户为10 159万，不到城市固定电话用户21 085万的 1/2，还有 10.1%的行政村不通电话。全国广播和电视尚未覆盖到的 5.9%和 4.7%的人口都集中在农村。2004 年 12 月，我国互联网用户达到9 400万，从用户的行业分布看，从事农、林、牧、渔行业的用户仅占 1.3%；从用户的职业分布来看，从事农、林、牧、渔的工作人员仅占 1%。涉农网页网站普遍存在内容粗浅、形式单一、更新慢、可读性差、点击率低的现象。这充分表明，农村互联网普及率和应用水平是很低的，取得

的实际成效也是很有限的。

2.2.2 发展不平衡，地区差距大

一是城乡之间差距大，城乡已存在严重的“数字鸿沟”或“信息鸿沟”。目前我国农村的计算机平均拥有量仅为1.1台/百户，相对于城市计算机平均拥有量为26.23台/百户，不但发展程度低，而且凸显出城乡发展的差距和不公平。

根据中国互联网络信息中心的最新抽样调查显示，尽管我国网络用户的增长率较高，但是网络普及和应用的增长主要在城市，农、林、牧、副、渔、水利业生产人员仅占网络用户总数的0.76%，网络用户中只有0.3%是农民，城市普及率为农村普及率的740倍。广大农村农民完全处于“数字鸿沟”的另一端，成为网络革命中的“数字贫困”人口。截止2003年7月1日，在我国所有WWW网站中，东部11省市共占81.2%，而西部14省区的总和只占到8.1%，都不到北京网站数的一半。可以说，与城市相比，农村显然成为了“信息社会的‘落伍者’和‘边缘化’地区”。

二是农村区域差距大，尤其是农村发达地区与落后地区、东部农村与西部农村差距大。据《中国互联网发展状况统计报告》(2003/1)显示，青海、宁夏、西藏、贵州WWW网站站点总数分别只占全国总数的0.1%～0.3%，分别只及北京、广东、上海、浙江、江苏的1/20～1/8。目前，中国已有35.6%的家庭安装了固定电话，与之对应，全国农村固定电话普及率只有11%左右，仅为城市水平的1/3，其中，河南农村固定电话普及率仅为8.3%，西部地区农村固定电话普及率更低，只有1%（截止2000年6月），在青海，目前还有21%的乡镇和65%的行政村不通电话。特别是有些边远贫困山区的广大农民还没有普遍享受到通信服务。全国最后20%不通电话的行政村，绝大部分都在西部农村。

2.2.3 经济贫困，基础薄弱

1978年我国农村有贫困人口2.49亿人，至2005年减少为2 365万人。应该说，我国在消除农村贫困方面已取得举世瞩目的成就。但总体来说，与城市相比，与发达地区相比，我国农村还是贫困的。由于经济贫困，加上国家投入不足，我国广大农村信息化基础设施相当薄弱，基础设施条件十分落后。据中国互联网络信息中心2004年7月发布的中国第14次互联网发展状况统计报告显示，我国上网计算机数已达3 630万台，互联网用户已达8 700万，但这些都集中在大中城市，与城市相比，农村信息通讯技术水平还很落后，而且尽管计算机网络获取信息方便快捷，但计算机网络建设成本较高、周期长，目前只有少数地区的网络能延伸到乡镇一级，要做到网络“进村入户”仍有相当大的困难。

从信息化基础设施的比较来看，尽管20世纪90年代以来，中国的电信业发展速度较快，但是这种发展是不均衡的，城乡之间的信息差距十分悬殊，且呈现逐步扩大趋势。1990年城市电话渗透率为1.78%，而农村仅为0.17%，相差1.61个百分点；到2000年，城市电话渗透率为20.31%，而农村仅为6.4%，相差13.91个百分点，明显高于城乡居民收入差距。信息化基础设施落后也成为农村地区从传统农业向现代社会转变的根本障碍。

2.2.4　素质不高，人才不足，重视不够

农民整体素质不高、农村信息人才不足，以及认识不到位、重视程度不够，这些均是导致我国广大农村信息化建设步伐落后、发展速度缓慢的重要原因所在。

首先，我国大多数农民受教育程度不高，在全国约有5亿的农村劳动力人口中，文盲、半文盲占到22.25%，每万户农民中仅拥有1名大学生。这种情况直接导致我国农民无法参与到农村信息化建设中来。

其次，文化基础差，加上缺乏相应的培训教育，农村真正懂电脑、会电脑的“人才”十分奇缺、少之又少。如有的年轻农民

真的懂电脑的话，可能早到了城市“打工”了。

最后，由于科技文化素质偏低，加上观念滞后，认识不到位，必然导致广大农村干部、群众对农村信息化建设不重视，不愿投入。据调查得知，有的乡镇干部甚至说：“乡镇财政差，没钱搞信息化。信息化是城市的事情，农村搞不起，种田还要什么信息化？”

3 加速农村信息化，建设社会主义新农村

3.1 强化信息意识

在农村信息化建设的过程中，各级政府、有关部门、相关实体和农民群众自己在一定程度上都存在着认识上的误区和不足。因此，为了进一步加快农村信息化建设，必须高度重视和卓有成效地开展农业信息知识的宣传和教育，切实增强政府管理部门及农业生产经营者的信息意识，提高他们对农村信息化建设重要性、必要性和紧迫性的认识，以观念的更新、思想的解放、认识的提升来推动农村信息化建设，从而促进社会主义新农村建设的不断向前发展。

3.2 提高农民素质

农民整体素质偏低是制约和阻碍农村信息化建设的一个重要因素。要大力推动农村信息化建设，必须下大决心提高全国广大农民的素质。大幅度提高广大农民的素质应采取以下具体对策和措施：①加强教育和培训工作，通过各种“信息载体”的宣传和举办培训班、轮训班、夜校等，不断提高农民的“信息素质”和科技、文化素质；②继续实行送科技下乡和科技信息“进村入户工程”，促进农村科技文化水平整体上新台阶；③实施“培育新农民工程”，把培育高素质、高水平，懂科技、会经营，政治强、业务精的新型农民作为全面推进社会主义新农村建设的重要内容来抓；④在各乡（镇）、村有计划地培养“科技骨干”、“种田能手”和“致富带头人”，并以此带动全乡（镇）、全村农民学科

技、学种田、学致富；⑤实施“一村一个大学生”计划和“一村二名中专生”计划；⑥在培养农村“新型农民”的同时，有针对性地加强农村人才的引进工作，确保农村人才的正常、有序流动，等等。可以说，通过上述一系列措施，定能使我国广大农村农民素质有一个较大提高。

3.3 改善基础设施

如上所述，我国大部分农村信息基础设施落后，设施数量少、质量低，设备老化，设备更新速度慢，有的就根本没有条件更新。这种状况必须尽快改变。

应充分发挥政府在改善农村信息化基础设施中的“主导作用”。一是提供硬件平台。硬件是基础，是建立网络、广播、电视、电话等多平台农业信息传输体系，必须按照给农村居民提供良好的服务为宗旨；二是提供相应软件系统，该系统包括信息收集、信息建立、信息分析和信息发布等，使信息可靠、权威、及时、免费。三是在技术和设备的选择上，要更多地采用能够适合农村需求特点的“低成本、广覆盖、低功能、易维护”的信息技术和网络设备。四是要处理好技术先进性和适用性的关系，必须因地制宜、讲求实效。要根据各地经济社会发展水平，从实际需求出发，采取适宜的方式和手段，扎实地推进社会主义新农村建设，推进农村信息化建设。

3.4 拓展建设内容

当前，农村信息网站中大多存在：少——信息量偏少；旧——信息陈旧，慢——更新非常缓慢；低——由于“有用”、“有效”的信息太少，导致信息交流少、利用效率低，信息“不中用”或信息“无用”。

针对以上问题，应千方百计拓展信息服务和信息化建设内容，真正使广大农民认为农村网站上信息数量多、质量高、更新快、可读性强，且有用、有效果。而要达到这一要求，就必须做到广泛采集信息，将农业资源、生态、环境信息，农村社会、经济信息，农业灾害信息、农业科技信息、农业教育信息、农业生产资料市场信息、农产品市场信息、农业管理信息等多方面信息及时充实到各相关网站中，并注意及时更新、补充；同时要增强趣味性，提高可读性，增加互动性，等等。

3.5 搞好示范工程

搞好示范工程建设，对于加速整体推进农村信息化具有重要意义。2006 年江西省启动了“信息化新农村”建设示范工程，其目的在于进一步加强江西社会主义新农村信息化建设，缩小城乡“数字鸿沟”，促进农村社会经济全面进步。

这一示范工程将农村信息化建设作为新农村建设的突破口，大力推进农村信息化基础设施建设，“十一五”期间，将实现“家家通电话，村村通宽带，信息进万家”。仅在 2006 年一年就将建成 100 个“农村信息化示范乡镇”和 100 个“农村信息化示范村”，“十一五”期间江西将实现 50%的乡镇和 20%的行政村配备标准的信息收集与发布设施。

可见，由农村信息化“示范建设”带动农村信息化“整体推进”具有十分积极的意义，各地应因地制宜地搞好农村信息化示范工程，从而全面推进农村信息化建设，早日建成集“现代化”、“信息化”于一体的社会主义新农村。

3.6 增加物质投入

农村信息化建设是高技术、高投入的社会公益性事业，农村信息化工程项目的建成，必然依赖大量物质和资金的投入，否则，只能是一句空话。因此，各级政府和部门要在现有物质、资金投入的基础上，千方百计地增加投入。一是国家用于社会主义新农村建设的财政拨款要逐年有所增加；二是各地可设立“社会主义新农村建设——农村信息化建设专项资金”，重点用于支持各地农村信息化建设；三是广泛吸纳社会和企业资金，通过制定优惠政策，本着“互利双赢”的原则，多方筹集社会各界和各类企业资金，以共同促进农村信息化建设，推进社会主义新农村建设健康向前发展。

参考文献：

[1] 解决“三农”问题的神来之笔——如何理解建设社会主义新农村，人民日报，2006年9月13日（第16版）

[2] 黄浩．我国农村信息化及实现途径的探索．科技情报开发与经济，2006，16（4）：72～74

[3] 肖艳华，田淑伟．加快农村信息化建设　逐步消除城乡“数字鸿沟”，农业网络信息，2005，(11)：7～9

[4] 王玉珍．我国农村信息化建设存在的问题及对策研究．农业网络信息，2005，(9)：4～6

[5] 朱启贵，李建阳．信息化：可持续发展之路．北京：中国经济出版社，2005

[6] 杨蓓蕾．对缩小我国城乡“数字鸿沟”的若干思考．社会主义研究，2006，(3)：53～56

[7] 黄国勤．江西社会主义新农村建设探讨．2006年中国农学会学术年会论文集：循环农业与新农村建设．中国农学通报．2006，22（专集）：150～154

[8] 喜看赣鄱农民信息新生活——江西电信实现村村通电话工程一周年巡礼．江西日报，2006年9月21日（A4版）

[9] 许建红，黄国勤．加速信息化　建设新农村．江西农业大学学报（社会科学版），2006，5（1）：41～43

加速信息化 建设新农村*

摘 要：信息化是当今社会的基本特征。党的十六届五中全会提出建设社会主义新农村的号召。从信息化的角度，论述加速信息化建设对促进我国社会主义新农村建设的重要性，提出了加速信息化、建设新农村的具体措施。

关键词：信息化；新农村建设

信息化是推进国家经济信息化和构建和谐社会的重要内容，是加快建设现代农业的重要途径，是维护农民利益的有效手段，是统筹城乡发展，促进社会主义新农村建设的重大举措。《中共中央关于制定国民经济和社会发展第十一个五年规划的建议》将信息产业列为首要发展的高技术产业。在“建设社会主义新农村”部分，特别强调加快农村信息化建设的重要性和紧迫性。

1 建设社会主义新农村是我党为之奋斗的重大历史任务

1.1 新农村概念的提出

查阅有关资料，我们发现，“社会主义新农村”这一概念在20世纪50年代我党就提出过，但当时全国刚解放不久，政治还不成熟，经济不发达，社会体系还不健全，百业待兴，加上国际环境复杂，因此，那时的“社会主义新农村”在人们心里只能是

---

* 本文作者：许建红，黄国勤。原载《江西农业大学学报》（社会科学版）2006年第5卷第1期第41～43页。

想像中的美好蓝图，只是一个概念建设“社会主义新农村”，由于各种主、客观条件不具备而最终未能付之于实践。

几十年已经过去，经过三代中央领导集体的努力，中国发生了翻天覆地的变化。政治走向文明，社会逐步安定，法制逐渐完善，市场体制已经建立，经济高速发展，综合国力稳步上升。十六届五中全会提出建设“社会主义新农村”，已不可同日而语。它是在新的历史背景下，落实科学发展观、全面解决“三农”问题的具体体现。“生产发展、生活宽裕、乡风文明、村容整洁、管理民主”这是十六届五中全会对建设社会主义新农村的总体要求。建设社会主义新农村符合客观实际，合国情，顺民意。

1.2　新农村建设的历史背景

改革开放以来，我国的各项建设取得了巨大的成就，社会政治稳定，经济发展强劲。2004 年，我国国内生产总值达 13 万亿元，二、三产业占国内生产总值的比重达到 85%以上，财政收入 2.6 万亿元。也就是说，我国已经初步具备了工业反哺农业、城市支持农村的经济实力。因此，去年的中央经济工作会议就明确提出，要下决心合理调整国民收入分配格局，实行工业反哺农业、城市支持农村的方针。可以说，最近两年支农力度之大前所未有。从中央到地方，围绕农民增收这条红线，一系列强有力的政策措施，直接给农民带来了实实在在的好处。据统计，2005 年来，国家出台了进一步促进粮食稳定增产、农民持续增收的政策，如加大农业税、农业特产税的减免力度，着力建立为农民减负的机制。仅减免农业税、取消特产税一项，就减轻农民负担 233 亿元。中央在 29 个省份实行对种粮农民直接补贴资金总额达 112 亿元，6 亿农民因此受益。对种粮农民直接补贴稳步增加，据财政部初步统计，今年中央和省级财政安排种粮农民直接补贴约 135 亿元。对粮食大县实行补助和奖励，中央财政安排 150 亿元用于对产粮大县和财政困难县的转移支付，其中用于近 800 个粮食大县的奖励资金约 55 亿元。“建设社会主义新农村”

正是在这样新的历史背景下提出的，较之20世纪50年代的“新农村”和20世纪80年代的“小康社会”，无论是从经济层面，还是从社会发展的层面上说，都站在了全新的起点上。

1.3 中国共产党肩负起领导建设社会主义新农村的重要责任

党的十六届五中全会，是在我国改革发展进入关键时期召开的一次重要会议。会议审议并通过了《中共中央关于制定国民经济和社会发展第十一个五年规划的建议》。从战略全局出发，制定描绘了我国下一个五年国民经济和社会发展的宏伟蓝图。建设社会主义新农村是我党第十一个五年规划的重要任务。中央将按照“多予、少取、放活”的方针，落实科学发展观，统筹城乡发展，改变农业和农村经济在资源配置与国民收入分配中的不利地位，加大公共财政的支农力度，让公共服务更多地深入农村，惠及农民，把社会主义新农村的蓝图从现在起逐步变为现实。

2 信息化在社会主义新农村建设中的积极意义

2.1 信息化是社会主义新农村的基本特征

当今社会，是信息飞速发展的社会。在美国，农业信息化的程度高于其他传统工业。伴随信息技术与网络技术的高速对接和信息化的广泛应用，信息化已经成为现代社会发展的强大动力。信息化的一个最基本特征，就是它所具有的广泛渗透性，它会影响到一个国家或者地区政治、经济、社会的各个领域，直至所有社会成员的日常生活。因此，社会的信息化是人类社会发展的必然趋势。社会主义新农村建设必然赋予信息化新的内涵。

在我国，2004年底农村固定电话用户10 159万，不到城市固定电话用户21 085万的1/2，还有10.1%的行政村不通电话。2004年12月，我国互联网用户达到9 400万，从用户的行业分布看，农、林、牧、渔行业的用户仅占1.3%，从用户的职业分布看，从事农、林、牧、渔的工作人员仅占1%，这表明农村互联网普及率和应用水平是很低的。在信息资源开发利用、信息技术推广应用和信息化人才培养等方面，城乡之间的“数字鸿沟”也十分明显，而且仍然呈扩大的趋势。这些现象离新农村的建设要求，还存在较大差距。新农村建设必须要充分体现出信息的先进化。

2.2 信息是新农村建设的决策和系统调控的基础

在市场经济条件下，政府制定农村产业政策、调整农村经济结构、规划区域布局、发展优势产业和区域经济，都必须面向市场，以市场供求等信息为依据。当前，适应农业发展新阶段和农产品买方市场的出现，政府制定调整优化农业结构的宏观经济政策，必须以产品要素和价格等信号为基础。信息是否及时、准确，直接关系到政府宏观管理和调控目标的实现程度。

2.3 信息是新农村农民进行合理决策的重要依据

农业改革把农民推上了市场经济的主体地位。我国农产品主要依靠农民家庭生产，经营规模小而分散，一家一户的生产直接面对大市场，种什么、种多少，怎样才能获得收入的最大化，主要依据市场供求等信号决定。因此，农民视信息为一种潜在的财富，有的提出：财富＝信息＋经营。因此，充分发挥信息的导向作用，是推动农民更快地进入市场的客观要求。

2.4 信息是新农村农民学习农业科学技术的动力

要让农业科学技术在农业生产中发挥作用，一是提高劳动者的劳动技能；二是提供先进的生产工具和高效能的劳动对象；三是推广先进的农业科学技术。通过信息的交流和掌握，使农业劳动者懂得和掌握了为何和如何利用科学技术进行生产活动。广大农业劳动者采用农业科学技术的积极性，是先进技术增产潜力变为现实生产力，技术增产的可能性变为现实的经济效果的基本条件之一。为了发展农业生产，他们迫切要求学科学、用科学。因而信息的交流和掌握的过程就是农业科学技术成果的推广过程。

3 加速信息化、建设新农村的对策和措施

总体上来说，目前我国农村信息化基础薄弱，信息化程度低，农民的“信息意识”不强，“信息素质”低，尤其是一些老、少、边、穷地区，信息化程度十分低下，或者根本谈不上“信息化”，城乡“数字鸿沟”越来越突出。针对这些因素，我们必须采取一系列对策和措施，加速农村信息化，积极推进新农村建设。

3.1 强化政府意识，加大资金投入

农业是国民经济的基础产业，在我国是弱势产业。由于社会的二元结构等原因，在各方面，城乡差别在进一步加大，乡村的集体经济，根本承担不起对公共产品的投入，严重影响和阻碍了“三农”问题的解决和新农村的建设。多年的实践证明，改善和增加农村公共产品和服务，光靠农民自己的力量，或者光靠市场机制解决，都是行不通的。因此，农村信息化的发展离不开政府的支持，各级政府部门必须高度重视农村信息化工作，牢固树立信息观念，真正认识到信息就是资源，信息就是财富，没有农村信息化就没有农业现代化。要增加对农村信息化工作的投入，特别要重视贫困山区的信息化建设，保证农村信息系统日常运行费用，加强计算机硬件建设以及有关软件的开发，提高农村信息处理和应用水平，推进农村信息化进程。

3.2 建立健全农业信息化服务体系

(1) 加快培养农业信息化人才进程。农业信息化需要一大批既精通现代信息技术，又熟悉农业经济运行规律的高级专业人才。首先，要在农业信息人才培养方面加大投入，在大专院校加强该类人才的培养，以农业院所为龙头，推动我国农业信息化的普及教育，逐步培养一支适应农业信息化发展的专业队伍。其次，培训信息员。基层政府要培训乡镇、村信息站的信息员，通过信息员为生产经营服务。

（2）建立健全农业信息化、社会化服务中介。针对我国农业信息化的现状，联合社会各方面力量，组织官办或支持民办中介机构，为农业信息化提供咨询、诊断及指导等方面的服务，并为农业信息化提供基础设施以及信息网络建设支持，以适应现代信息网络社会发展要求。

（3）引导和组织农民上网。根据我国农村经济、文化、观念落后的状况，在现阶段必须依靠基层，政府通过政府渠道、利用行政手段对农民进行积极宣传、引导、教育和帮助，并根据各地不同情况探索合适的方式，尽快把农民吸引到互联网上去。实践证明，建立乡镇、村信息站，利用信息员、农业产业化龙头企业、种养殖大户、工商户和农村经纪人带动农民上网是切实可行的方法。

3.3　加强乡镇中小学的信息化建设，普遍提高“未来”广大农民的信息素养

从我国目前农民来源来看，90% 以上的农民只在乡镇中小学阶段就分离出来了，进了重点中学的农村学生基本上升入中、高等院校学习（现中、高等院校扩招普遍，录取率较高）或直接进入城市当工人，只有极少数高考落榜生返村当农民。因此，从这一点上说，只有加强乡镇中小学的信息化建设，才能培养和提高农民的信息素养水平，农民才能适应现代信息社会环境，农村实行信息化才能变为现实。

乡镇中小学校是实现农村教育信息化的主要机构，在各个方面都要优于其他机构。乡镇中小学校建设在农村，经过较长时间的发展，在各方面或多或少都会有些积累。乡镇中心学校具备了建立信息中心的一定的条件，学校可以为建设信息中心提供查询和教育服务场地；学校教育信息化电视设备、机房、网络设备等可以作为建立信息中心的基本硬件设备；学校信息素养较高的教师可以作为信息中心的管理、技术人员等，这些都是农业技术服务站等其他机构所不具备的。乡镇中心学校在当地农村有独特的

影响作用。因此，在“十一五”时期，我们一定要抓住我党惠农政策的大好机遇期，加强乡镇中小学的信息化建设，普及计算机知识教学，从小孩抓起，普遍提高“未来”广大农民的信息素养，为农村实现信息化打下坚实的基础。

3.4 发挥农业院校专长，积极做好网络及特色数据库的建设

应用现代化计算机技术是提高信息服务水平的保证。我们必须从传统的手工操作转移到适应网络化系统所要求的以电子计算机为中心的自动化、网络化的信息服务上来。农业院校图书馆可利用自己的人才优势，根据农村经济发展的需要，采集有关农业科技动态信息和实用技术信息，将采集到的信息数字化、网络化，通过本校的网站与县、乡农业部门联网：依托农村正在开展的“村村通工程”实施计划，运用广播电视网和电话网等多种渠道，及时报道国内外重大科技成果、农村实用技术。

数据库是发展网络的基础，建立网络化的农业高校图书馆，不但可以满足培养高素质的复合型人才的需要，还有助于文献和信息的共享，解决图书馆馆藏文献过狭的问题。我们可在图书馆现有资源的基础上，研建馆藏资料目录库、农业成果库、农业动态库、农业基础库、农业人才库、农业名录库等。要通过网络的特色数据库的建设，服务社会主义新农村的建设，解决“三农”问题。

4 结束语

大力推进国民经济和社会信息化，是贯彻落实十六届五中全会精神，坚持和落实科学发展观，统筹城乡发展的具体体现。大力推进信息化建设，有利于实现信息产业的快速发展，保持经济增长的旺盛活力；有利于加大传统产业的改造升级力度，调整经济结构、优化资源配置；有利于增强经济增长的质量和效益，实现社会资源的充分共享和有效利用，建设资源节约型社会和环境

友好型社会；有利于满足人民群众不断增长的信息通信需求，提高生活质量，解决“三农”问题，缩小城乡差距。建设新农村，必须加速信息化。

参考文献：

[1] 许建红，张水发，黄国勤．江西生态农业与农业信息服务［J］．江西农业大学学报（社会科学版），2003，2（3）：88～91

[2] 贾玉琴．论农村信息化建设［J］．甘肃科技，2004，（10）：37～38

[3] 夏琚．新农村建设正破题［N］．人民日报，2005－11－30.

[4] 游眉．农业院校图书馆在推动农业信息化中的作用［J］．科技情报开发与经济，2005（10）

提高农民信息素质　促进社会主义新农村建设*

摘　要：现代社会进入了信息社会时代。农村信息化是新农村建设的基本特征和信息保障。在信息服务向数字化、网络化发展的今天，实际情况是，中国大多数农民却一直游离于信息资源之外，这种状况的存在，对新农村建设来说是极为不利之事。因而，本文从农民信息素质的角度，分析当前农民应用网络农业信息资源的各种障碍因素，探索突破这些障碍的对策措施，提高农民信息素质，使其能够从信息网络的飞速发展中受益，加快和促进我国新农村建设工作的顺利进行。

关键词：农民；信息素质；社会主义新农村；建设

Abstract: The modern society enters information－intensive society era. The rural informationism is essential feature and information guarantee of the new rural construction. Information serviceaims at digitization, networked today, but the actual condition is that most peasants in China have been dissociating from information resources all the time, it is all extremely unfavorable thing to build the new countryside. Therefore, in terms of peasants´information quali-

---

* 本文作者：许建红，黄国勤。原载《农业网络信息》2006 年第 8 期第 4～6 页（转 35 页）。

ty, in this text, the author analyzes that peasants employ various obstacle factors of the agricultural information resources of the network at present, explores the countermeasures for breaking through theseobstacles, improves peasants´information quality, makes them Can benefit from the development of the information network which is at full speed now, accelerates an d promotes the harmony of our country´s new rural building-up work.

Key words: Peasants; Information quality; Socialism new countryside; Construction

1 前言

《中共中央国务院关于推进社会主义新农村建设的若干意见》是近3年来第三个有关“三农”工作的中央一号文件。胡锦涛总书记就全面推进社会主义新农村建设问题，在不同场合做出许多精辟的论述：“建设社会主义新农村，是我们党在深刻分析当前国际国内形势、全面把握我国经济社会发展阶段性的特征的基础上，从党和国家事业发展的全局出发确定的一项重大的历史任务。”“建设社会主义新农村是一项长期的历史任务。从21世纪头20年实现全面建设小康社会的目标，到21世纪中叶我国基本实现现代化，建设社会主义新农村需要经过几十年的艰苦努力……”“建设社会主义新农村，要以邓小平理论和‘三个代表’重要思想为指导，牢固树立和全面落实科学发展观，……协调推进农村社会主义经济建设、政治建设、文化建设、社会建设和党的建设，推动农村走上生产发展、生态良好、生活富裕的文明发展道路。”由此可见，建设社会主义新农村是我党历史上的又一次重大的决策和战略，是解决“三农”问题，实现中华民族伟大复兴的一项重大的社会实践活动。

农民是新农村建设的主体。农民综合素质的高低直接影响到新农村建设的质量和速度。而农民信息素质，在信息发达的今天，应算是综合素质中一项极为重要内容，它将对新农村建设产生直接的影响。可以说，提高农民的信息素质，是加快新农村建设的重要途径和有效手段之一。

2 农民信息素质对新农村建设的积极作用

农民信息素质是指农民获取信息，对信息内容吸收和利用，满足自身信息需求的综合能力。农民是信息消费的基本单位，其信息素质的高低，直接决定着农民对当今的网络信息应用能力。

2.1 信息化是社会主义新农村的基本特征

今天，世界继新技术革命以后，又掀起了一场以加速社会信息化为宗旨的信息高速公路建设的浪潮。信息正以其前所未有的迅猛态势渗透于社会的方方面面，改变着人们原有的社会空间。伴随信息技术与网络技术的高速对接和信息化的广泛应用，信息化已经成为现代社会发展的强大动力。信息化的一个最基本特征，就是它所具有的广泛渗透性，它会影响到一个国家或者地区政治、经济、社会的各个领域，直至所有社会成员的日常生活。5 年前，全球接入因特网的用户还不足 4 000 万，而现在互联网用户超过了 4 亿户。我国互联网用户也达到 9 400 万。信息产业成为各国经济发展中最快的产业之一。因此，社会的信息化已经成为人类社会发展的必然趋势。在我国建设社会主义新农村的今天，新农村建设必须赋予信息化的内涵，新农村不能游离于信息社会之外，也不可能游离于信息社会之外。一句话，信息化是新农村的最基本特征。

2.2 提高农民信息素质，有利于加快农业信息化建设进程

我国农业信息化建设和发达国家相比还存在相当大的差距。在我国，2004 年底农村固定电话用户 10 159 万，不到城市固定

电话用户 21 085 万的 1/2，还有 10.1%的行政村不通电话。2004 年 12 月，我国互联网用户达到 9 400 万，从用户的行业分布看，农、林、牧、渔行业的用户仅占 1.3%，从用户的职业分布看，从事农、林、牧、渔的工作人员仅占 1%，这表明农村互联网普及率和应用水平是很低的。在信息资源开发利用、信息技术推广应用和信息化人才培养等方面，城乡之间的“数字鸿沟”也十分明显，而且仍然呈扩大的趋势。这些现象离新农村的建设要求还存在较大差距。《中共中央国务院关于推进社会主义新农村建设的若干意见》中明确提出，要积极推进农业信息化建设，充分利用和整合涉农信息资源，强化面向农村的广播电视电信等信息服务。由此可见，尽快建立功能齐全、体系完备、高效共享、反馈灵敏的农业信息体系，以推进面向农民的信息服务为中心，强化资源共享，健全应用系统，延伸服务网络，实现服务创新，是建设社会主义新农村的一项重要内容。而要做好以上工作，就必须依赖于提高农民的信息素质。

2.3 提高农民信息素质，为农业信息化和新农村建设提供有力技术支撑和保障

（1）加速农业信息化。通过提高农民信息素质，有利于加快农业信息化，促进以计算机和现代通信技术为主的信息技术在农业上的广泛应用，促进农业产业化过程实现自动化、信息化、高效化；传统的农业生产方式因此得到改造，农业生产率将大幅度提高，生产成本下降；农业的粗放式生产和高消耗的生产模式将被高度集约式的“两高一优”生产模式所代替；农业产业化的劳动密集型比重将下降，技术密集型和知识密集型的比重将提高。

（2）加快新农村建设。通过提高农民信息素质，有利于提高农民对信息甄别能力。社会发展已经进入信息化时代，各类网站及网络信息纷繁复杂，信息真真假假、虚虚实实，如果对信息盲目取舍，对生产发展可能会带来巨大的损失。因此，我们在实际

工作中，只有通过提高农民的信息素质，才能提高农民对信息甄别能力，促进农业生产的良性发展。

3 影响农民信息素质提高的因素

3.1 农村经济发展水平直接制约着农民信息素质的高低

由于我国农村生产力发展水平较低，市场经济起步较晚，计划经济的痕迹较深，农业组织化程度低；加上中国社会的长期“二元结构”的存在，工农业“剪刀差”较大，农业比较效益偏低，社会公共产品分配城乡又不公，使得长期以来，农业生产力发展受制约，农村经济发展水平自然就不高；人们从事简单的手工劳动居多，产品和市场竞争意识不强，对信息的需求意识就不那么强烈。需求是行为的原动力，需求的缺乏直接导致了农民信息素质的低下。

3.2 传统观念的影响

作为社会心理特殊形式的信息意识，受民族文化传统的影响极深。在漫长的封建社会中，重农轻商、自给自足的封建经济造成的“重存贮、轻交流”的保守、片面的信息意识流传至今。农民的信息意识呈现出封闭性，情报“嗅觉”迟钝。由于整体信息意识薄弱，导致了农民的信息素质比较低，对网络信息这种新生事物持怀疑和不信任态度，思想上还处于盲目状态，认识不到信息网络的巨大作用，缺乏网络信息应用的积极性。同时，由于传统观念的影响，农民在农业生产上，往往对政府有一种依赖思想，“产、供、销靠政府”的计划经济意识仍然存在，对某些农民来说，信息就是政府的指令，认识不到位。于是，在现实中传统观念制约了农民信息素质的提高。

3.3 农民的文化知识水平不高

长期以来，我国农民受教育的程度普遍偏低，绝大部分只受过中小学教育，这就必然导致：一是直接影响到对信息社会的充分认识，造成思想上对信息重要性认识不到位；二是直接限制了农民对信息技术和网络知识的学习能力；三是限制了对繁多信息的分析理解和利用能力，对信息甄别能力不够；四是影响了农民对信息的敏感度。

3.4 农业信息化建设中，硬件不到位

农村实际计算机占有量很低，没有形成信息运用环境。环境可以改变一个人，由于没有信息环境，农民信息意识自然就差。

3.5 对农民的宣传、教育、培训工作不到位

由于种种原因，基层政府和农技推广中心由于职能没有得到根本转变，对农民服务意识认识不到位，基层工作没有认真担负起对农民的宣传、教育和培训的职责，致使农民对信息仍然一知半解，浅尝辄止。由于农民对信息作用认识不够，重视不够，所以农民的信息素质没有得到培养。

4 提高农民信息素质的具体措施

4.1 加大物质投入

加大对农业信息化建设项目的投入，解决“最后一公里”信息通路问题，形成农村良好的信息环境。“工业反哺农业，城市支持农村”、“多予、少取、放活”的方针政策，要求各地区各部门切实加强对农业信息化工作的领导，充分认识农业信息化是建设社会主义新农村的重要组成部分。要确保农业信息化的投入，创造多元化投入的政策环境，拓宽投融资渠道，鼓励和引导社会力量投入农业信息服务领域。积极发展互联网络，采取各种措施，鼓励和帮助农民上网，接受网络信息服务。在农民素质较差，经济较不发达地区，应依托目前较为普及的电话网、电视网、广播网，大力发展广播电视和通讯工程，进行农村三网（计算机网、电话网、电视网）合一的研究与示范。在此基础上，开发依托于上述网络的、农民适用的信息获取技术，搭建多种形式的信息服务平台，直接面对农民，提供信息咨询服务，提高农民的信息应用能力。通过形成良好的农村信息环境，有效提高农民

的信息素质。

4.2 提高文化水平

各级地方政府要采取各种措施，提高农民的文化知识水平。千方百计地提高广大农民的文化知识水平，这是一项长期的任务。各级政府和部门，要从农业信息化的长远目标出发，制定详细的规划，采取具体措施，有步骤、分阶段，踏踏实实地提高农民的文化知识水平，提高农民的智力水平和分析问题、解决问题的能力。在此基础上，对农民进行信息技术和网络技能的培训，教育农民使用和掌握检索网络信息资源的方法和操作技巧，提高农民的信息获取能力。促使农民从传统的封闭、保守的信息意识中解放出来，改变那种对信息获取的无所谓态度和对网络信息的怀疑和不信任态度，用具体的事例使农民认识到信息在现代农业中的巨大作用，激发农民的信息需求和应用网络信息的积极性，促进农村经济的发展，也为农村的网络建设打下经济基础。

4.3 加强队伍建设

要切实加强农村信息队伍建设，重点培训基层农业信息工作人员，逐步建立一支专业技术和分析应用相结合、精干高效的农业信息化队伍，使农村信息化队伍基本覆盖全部行政村。

（1）培训青少年。农村青少年有一部分长大后就是未来的农民，因此，要把信息能力赋予农村青少年，要加强中小学信息化建设和安排学生信息课（城市中小学已经做得很好）。这样通过普及信息化教育，就为农村发展增强了后劲，打下一个良好的基础。

（2）大学生“进村”。开展大学生驻村帮扶工作。由于现在大学生信息观念较强，素质较高，如果一个行政村有一个大学生，那么就可以把外面的先进观念带进去，有大学生的村子发展要比没有大学生的村子发展快得多。现在我们党的政策鼓励大学生下到基层工作，我们应该积极响应这个号召。各级政府要把引进大学生驻村工作当成一件实事抓紧抓好。

(3) 培训农技人员。要重视乡镇农技站工作，培养和提高农技人员素质，转变服务方式。要把农技人员培养成运用各种信息的“能人”。要通过“能人”带动农民信息素质的提高。

4.4 发挥“协会”作用

积极发展农业协会组织，并鼓励农民积极参与。纵观国内外农村发展经验，农业协会组织是农业信息收集和使用的主体，凡是农村、农业发展较快的地区，农民组织化程度都相当高，信息也比较发达。农民组织化程度高，就能摆脱当前农村的松散状况，能够将农民的力量集聚起来，形成发展合力。因此，当农民加入某个协会组织，农民真正分享到信息化给生产带来的实惠的时候，农民的信息素质将会有一个质的提高。

4.5 发挥农业院校的作用

农业院校为农民信息素质提高要发挥积极作用。首先，提高农业信息的准确性、及时性、全面性。应采取各种方式，通过收集、分析、加工提炼、贮藏、开发利用等手段，对农业信息资源进行建设和优化，并实现数字化存贮、网络化发布，以提高资源的利用率，方便农民检索。其次，加快农业信息资源数据库建设。我国目前农业信息资源数据库数量少、质量偏差，农业信息网络的服务能力低，共享性差的状况必须改变。必须大力加强农业数据库建设，开发农业信息监测与速报系统、农业专家决策支持系统，以更好地满足农民的信息需求。再次，加强对网络信息资源利用的管理，对网络上的信息进行技术上的筛选和过滤，建立安全屏障，最大限度地防止有害信息的侵入。加强对网络信息资源的系统评价工作，向农民推荐优秀资源，提高他们利用网络信息资源的质量和效益。最后，帮助农村培训信息骨干力量，培养农民信息意识。

参考文献：

[1] 杜青林．大力发展现代农业扎实推进社会主义新农村建设 [J]．农村

工作通信，2006，(1)

[2] 马德富，刘秀清．论新形势下我国农业信息服务面临的问题及对策 [J]．华中农业大学学报，2003，(2)

[3] 刘秦明．实施农民知识化工程 [J]．老区建设，2006，(1)

[4] 许建红，黄国勤．农村全面小康与农业信息化建设 [J]．农业经济，2006，(2)

[5] 江文胜．全面建设小康社会的难点和重点 [J]．科学决策月刊，2006，(2)

新型农村合作医疗制度与社会主义新农村建设*

摘　要：按照党中央、国务院的战略部署，当前我国各地正在积极推进社会主义新农村建设。建立新型农村合作医疗制度，是社会主义新农村建设的重要组成内容和重要组成部分。加快建立新型农村合作医疗制度，对于构建社会主义和谐社会具有理论和现实意义。本文简述了建立新型农村合作医疗制度在社会主义新农村建设中的意义和作用，回顾了新中国成立后我国农村合作医疗卫生事业的演变与发展历程，分析了近些年来农村医疗卫生方面存在的突出问题，最后提出了新时期建立新型农村合作医疗制度的若干对策和具体措施，对各级领导和部门具有一定的参考价值。

关键词：医疗卫生事业；新型农村合作医疗制度；社会主义新农村建设；社会主义和谐社会

1 前言

按照党中央、国务院的战略部署，当前我国各地正在积极推进社会主义新农村建设。建设社会主义新农村总的目标和要求是“生产发展、生活宽裕、乡风文明、村容整洁、管理民主”。建立新型农村合作医疗制度，对于发展农业生产，提高广大农民的生

* 本文作者：李晓青，黄国勤。全文于2007年7月25日完成。

活水平和生活质量，促进农村精神文明建设等均具有直接的、积极的和广泛的推动作用。从这一意义来说，建立新型农村合作医疗制度是建设社会主义新农村的重要组成部分。

2003年1月，国务院办公厅转发卫生部、财政部、农业部《关于建立新型农村合作医疗制度的意见》。“小康不小康，首先看健康”。我国13亿人口，70%在农村，以农村医疗保障为主要内容的农村卫生保健，既是我国全面建设小康社会的制约因素，又是全面建设小康社会的重要内容。

新型农村合作医疗制度是由政府组织、引导、支持，农民自愿参加，个人、集体和政府多方筹资，以大病统筹为主的农民医疗互助共济制度。建立新型农村合作医疗制度，是新形势下党中央、国务院为切实解决“三农”（农业、农村、农民）问题，加速推进社会主义新农村建设、统筹城乡协调发展、区域协调发展、经济社会协调发展的重大举措，对于提高农民健康保障水平，减轻医疗负担，解决“因病致贫、因病返贫”等问题，大力推进农村和谐社会建设和现代化建设具有重要作用和重大意义。

2 意义和作用

建立新型农村合作医疗制度，对于当前我国各地正在进行的社会主义新农村建设具有重大意义和重要作用。

2.1 发展农业生产

社会主义新农村建设有5个方面的目标和要求（包括生产发展、生活宽裕、乡风文明、村容整洁和管理民主），其中“生产发展”摆在第一位，这说明发展农业生产、提高农业综合生产能力、生产出更多更好的农产品在我国新农村建设中占有十分重要的战略地位，它是实现其他4个方面目标前提，是建设社会主义新农村的基础。而建立新型农村合作医疗制度，有效地改善广大农村医疗卫生条件，极大地方便广大农民看病就医，这一方面有利于增强农民体质，对发展农业生产（特别是干重体力活）有利；

另一方面有利于农民安心农业生产，集中精力种好责任田。一句话，推行新型农村合作医疗制度，对发展农业生产具有促进作用。

2.2　增加农民收入

建设社会主义新农村，核心是增加农民收入。增加农民收入，无外乎两条途径：一是增加经济收入来源；二是降低经济支出。在没有实行新型农村合作医疗制度之前，农民要么不生病，不要花钱，这是“幸运”的。但其实一个人要做到“总不生病”，往往很难、很少见。如一旦生了病，特别是大病、重病，则所付出的代价就大了，有的农民可能就因为生一场病，可能就要穷一家子、穷一辈子。而实行新型农村合作医疗制度，大大减少了农民吃药看病的成本，减轻了农民经济负担；同时，还可激发和调动农民种田积极性，增强农民农业生产能力，从而增加农民经济收入。不言而喻，推行新型农村合作医疗制度，对增加农民经济收入具有直接作用和明显效果。

2.3　消除贫富差距

当前，农村存在着严重的城乡贫富差距、农村区域贫富差距和农村内部农户之间的贫富差距。造成这一贫富差距的原因固然是多方面的，但由于医疗卫生资源在城乡之间分配和使用的不公、农村“缺医少药”，以及农民生病没有得到及时治疗造成“因病致贫”、“因病返贫”等是其重要原因。建立新型农村合作医疗制度，可以从总体上增加农村医疗卫生资源总量并公平分配和使用，改善广大农村居民看病、就医的条件，从而对消除当前农村存在的各种贫富差距起到重要作用。

2.4　提高生活质量

人类社会发展的实践表明，医疗卫生事业最大的功劳是参与劳动力生产与再生产，修复和维护劳动力，不断增强和提高劳动者的身体素质，确保社会经济发展对劳动者身体素质的需要，既保证了家庭幸福，又增加了社会财富。因此，推行新型农村合作医疗制度，可以实现农村优生优育，大大提高生殖健康水平，减少农村疾病和残疾的发生，提高农村居民的生存质量、生活质量。

2.5 提升人口素质

据统计，2000 年人口预期寿命全国为 71.4 岁，其中，城镇人口预期寿命为 75.2 岁，农村人口为 69.5 岁，城乡人口之间相差了 6 岁。就婴儿死亡率来看，2000 年城镇婴儿死亡率为 11.8‰，农村婴儿死亡率为 37‰，农村婴儿死亡率比城镇婴儿死亡率高出 2 倍以上。许多研究表明，缺乏足够可以利用的医疗卫生资源的人与拥有较多可以利用的医疗卫生资源的人相比较，其健康状况将较差。这说明，医疗卫生资源的分配与使用是决定健康状况的一个重要因素。建立新型农村合作医疗制度，从根本上改变农村“缺医少药”、医疗卫生资源缺乏的现象，消除医疗卫生资源分配与使用的“城乡差距”，对于大幅度提升农村人口素质将起到十分积极的作用。

2.6 构建和谐社会

当前，全国人民都在为构建社会主义和谐社会而积极奋斗。建立新型农村合作医疗制度，对于构建社会主义和谐社会具有十分重要意义。一是实行新型合作医疗制度，进一步密切了党群关系、干群关系。过去，农村干部、农村党员对农民的关心，尤其是对生了病农民的关心不够，或者说“关心”只停留在表面，在经济上的关心缺乏“实质性”内容。新型合作医疗制度的推行，有效地实现了“农民得实惠、医院得发展、政府得民心”和“农民满意、医院满意、政府满意”的目标，党群关系、干群关系越来越密切。二是医疗卫生事业是造福人民的事业，关系国家和民族的未来。在经济发展的基础上，保证人民群众公平享有公共卫生和基本医疗服务，是实现人民共享改革发展成果的重要体现。三是发展农村医疗卫生事业、建立新型农村合作医疗制度，是协调城乡发展、促进社会公平的重要内容，这正是构建社会主义新农村的重要内容。四是贫困消除，社会和谐。四川省南江县是国家重点贫困县、革命老区、典型的山区农业县。作为四川省第二批新型农村合作医疗制度试点县，全面启动和探索建立新型农村合作医疗制度。2005年底，该县“参合”（参加新型农村合作医疗制度试点）农民45.5648万人，参合率达84.21%，乡村覆盖面达到100%。近一年来，运行情况良好，已为参合农民报销补偿费用419.57万元。推选新型农村合作医疗制度，该县贫困面貌逐步消除，农村社会日益和谐。

3　演变与历程

新中国成立后，我国农村合作医疗卫生事业的演变与发展大致可分为以下几个历程：

3.1　创立期（1949—1965年）

中国农村合作医疗制度始建于1949年至1965年。新中国刚成立，我国政府即致力于农村卫生保健网的建立和完善，到1965年就初步形成了以集体经济为依托的农村初级医疗卫生保健网，县设医院，公社设卫生院，大队（村）设卫生室。

3.2　发展期（1966—1977年）

1965年6月26日，毛泽东同志发表了著名的“六·二六”讲话，“把医疗卫生的重点放到农村去”。这一讲话，大大促进了全国农村合作医疗卫生事业的发展，合作医疗在全国各地农村推广、普及，开花、结果，农村合作医疗覆盖率超过90%。基本实现了“哪里有人，哪里就有医有药”、“小病不出村，大病不出乡”。到20世纪70年代末，中国已成为世界上拥有最全面医疗保障体系的国家之一，80%～85%的人口享有基本医疗保健，每逢国际组织对世界各国进行排序，按人均GDP，中国的排名虽然不高，但按健康水平，中国的排名水平则高得多，在世界上赢得广泛的赞誉。

3.3　解体期（1978—1992年）

从1978年开始，全国各地实行家庭联产承包责任制，人民公社体制解体，农村集体经济迅速萎缩，导致维持合作医疗正常运转的基金筹集越来越困难，加上中央和地方政府都对农村合作医疗体系采取放任自流的做法，使曾经轰轰烈烈的农村合作医疗制度在大多数地区迅速崩溃，很快农村合作医疗覆盖面就由1980年的69%骤降1983年的20%以下，到1986年，农村合作医疗覆盖率陡降至5%，全国农村大多数村庄的合作医疗都解体、停办了。20世纪90年代初期全国仅存的合作医疗主要分布在上海和苏南地区，农村医疗保障制度在90%以上的农村地区成为空白。

3.4 恢复期（1993—2002年）

从20世纪90年代初期开始，农民的医疗问题、农村的合作医疗卫生事业重新引起国家和有关部门的高度重视。1993年，国务院政策研究室和卫生部通过广泛的调查研究，提出了《加快农村合作医疗保健制度的改革和建设》研究报告。此后，卫生部和世界卫生组织在7省市14个县进行合作医疗的试点，1997年5月28日，国务院批转了卫生部等五部门《关于发展和完善农村合作医疗的若干意见》，有力地推动了合作医疗在农村的恢复、发展与完善。到1997年底，合作医疗的覆盖率已恢复到占全国行政村的17%，农村居民参加合作医疗的比例为9.6%。2002年10月29日，国务院主持召开了全国农村卫生工作会议，会后以中共中央、国务院的名义下发了《关于进一步加强农村卫生工作的决定》。《决定》明确规定：各级人民政府要逐年增加卫生投入，增长幅度要不低于同期财政经常性支出的增长幅度。这一《规定》对尽快恢复全国农村合作医疗制度起到了积极的推动作用。

据对陕西省农村合作医疗发展情况的调查，1998年全省实行农村合作医疗的行政村为4 778个，农村合作医疗的覆盖率为19.78%；1999年实行农村合作医疗的行政村为6 184个，覆盖率为25.99%；2000年8 084个，覆盖率上升为33.49%；2001

年有 10 522 个行政村推行农村合作医疗，覆盖率达到 43.93%。总体上来说，恢复速度还是比较缓慢的，未达到 20 世纪 70 年代的水平。

3.5 新发展期（2003 年至今）

2003 年 1 月 16 日，国务院办公厅转发了卫生部、财政部、农业部《关于建立新型农村合作医疗制度的意见》，对新时期进一步加强和发展农村医疗卫生事业提出了具体措施。

新型农村合作医疗制度与过去的旧合作医疗制度相比，有以下几个明显特点：①新型农村合作医疗由政府组织、引导，自上而下逐步推开，而过去的旧合作医疗则主要依靠基层自组织。②新型农村合作医疗主要依靠政府筹资，根据中央的规定，建立新型农村合作医疗的资金来源是：农民每人每年拿 10 元，地方财政给每人每年补助不低于 10 元，中央财政给每人每年补助 10 元；而过去的旧合作医疗则依托于村级（大队）集体经济，政府的财政不负筹资责任。③新型农村合作医疗是以大病统筹为主的农民医疗互助共济制度，以“防大病”为主要目标；而旧合作医疗只能解决小病小灾。④新型农村合作医疗提高了统筹的层次，要求实行县级统筹；而旧的合作医疗则实行乡镇或村级统筹，抗风险能力差。⑤新型农村合作医疗遵循农民自愿参加的原则，而旧合作医疗具有强制性。

按照新型农村合作医疗制度的要求，从 2003 年起，全国各省、自治区、直辖市至少选择 2～3 个县（市）先行试点，取得经验后逐步推开。2006 年，新型农村合作医疗改革试点范围已扩大到全国 40%的县。到 2010 年，实现在全国建立基本覆盖农村居民的新型农村合作医疗制度的目标，以减轻农民因疾病带来的经济负担，提高农民健康水平。

4 现状和问题

近些年来，我国广大农村在医疗卫生方面突出存在以下问题，引起社会各方的极大关注。

4.1 看病难，看病贵

近20年来，由于国家对农村医疗卫生的投入大幅度减少，导致我国广大农村，尤其是中西部边远山区农村卫生资源严重缺乏，“缺医少药”现象随处可见，农民有病无处看、有疾病无处就医。农民看病难的主要原因在于没有钱，所谓“小病磨，大病拖”，“小病拖，大病挨，重病才往医院抬”，“小病撑，大病扛，重病等着见阎王”，“救护车一响，一头猪白养；住上一次院，一年活白干”，等等。

据国务院发展研究中心农村经济研究部调查，疾病给农民生活带来沉重负担，特别是生一场大病，其花费实在是难以承受。由于种种原因，我国农民患大病的概率呈逐年上升趋势，从1987年的1.18%上升到2002年的2.84%。东部地区农民生一次大病，平均花费（包括药费、治疗费、交通费等在内）是7 484.18元（调查样本125人次），中部是6 495.64元（调查样本132人次），西部是7 050.83元（调查样本363人次），三者平均为7 051元。

4.2 看不起病，吃不起药

影响农民看不起病、吃不起药的主要原因在于，医药费用的攀升大大超过了农民收入的增长速度。1997—2004年的8年间，我国每年门诊费用增长了1.3倍，住院费用增长了1.5倍，平均每年门诊费用增长了13%，住院费用增长了11%；而同期全国农民人均纯收入的增幅，除了2004年达到6.8%之外，其他年份增幅均低于5%，最低的仅增长2.1%，平均增长4.35%。

第三次国家卫生服务调查资料表明：我国居民年患病人数高达50亿，约有36%的患者未去就诊，其中绝大部分是广大农村特别是中西部地区的农民。据有关调查，农民生病无钱就诊的比例由1985年的4%上升到1993年的7%；需要住院而因无钱未住院的比例由1985年的13.4%上升到1993年的24.5%。截止到2004年底，在我国中西部农村，仍有40%左右的农村居民，因为贫困而看不起病、吃不起药、住不起院。据国务院发展研究中心专家实地对全国118个村的医疗卫生状况的调查资料，有32%的婴儿在家出生，78.6%的病人在家死亡，83%的农民因为经济原因不愿意住院治疗。

4.3 因病致贫，因病返贫

在我国农村，尤其是中西部边远山区农村，由于自然条件所限，加上经济基础薄弱，往往祖祖辈辈从事农业生产，收益低下，剩余很少，多属“自给自足”的农业生产方式和生活方式。在这样一种收入增长缓慢、人口数量增加（尽管农村和全国一样实行计划生育，但农村人口数量增长仍然较快）的前提下，疾病、养老和贫困是农民面临的“三大风险”。而疾病与养老相比，风险更大。在农村，特别是贫困农户，往往是“小病不去看，大病看不起”，“小病靠养（拖），大病靠抗”。一旦出现大病，则整个家庭就有可能陷入经济困顿之中，从而导致“因病致贫、因病返贫”现象极为普遍。

据调查，在我国农村因病致贫、因病返贫主要有以下几种情形：一是家庭主要劳动力患病，丧失或部分丧失劳动能力，因而导致家庭收入减少，并且加大医疗支出，造成贫困；二是家庭成员中长期患病或患大病者，大幅度增加医疗费用，有的倾家荡产，有的负债累累而导致贫困；三是上述情况同时出现在同一家庭中，情况就更为恶化。

因病致贫、因病返贫的罪魁祸首是大病风险。据《中国卫生统计年鉴（2004）》的相关数据，2003年我国农村居民家庭人均收入为2 622.2元，农村居民的平均住院费用2 236元，农民如果生了一场大病，一年的现金收入尚不能支付一次住院的费用。对于贫困农户而言，患大病会对家庭造成非常大的影响，一方面会给家庭带来沉重的医疗负担；另一方面会急剧减少家庭收入。贫困农户受到大病影响后，需要花8年的时间才能恢复到大病前的消费水平；而恢复到大病前的生产经营投入水平差不多需要10年时间。

据调查，我国农村因病致贫、因病返贫的农民占贫困户的平均比例高达为30%～40%以上，有的甚至高达60%以上。即使在经济发达的苏州地区，仍有20%以上的农民看不起病。又据上海复旦大学医学院的抽样调查，高经济水平农村贫困户中有49.3%是因病致贫或因病返贫的，中等经济水平和低经济水平地区的贫困户中，这个比例分别为20.7%和21.2%。根据推算，近年来我国每年大约有1 305万人的农村人口面临因生病而倾家荡产的危险。

4.4 一病多病，一病皆病

由于自然条件、医疗条件和人为因素影响等多方面的原因，农村已成为我国多发病、重发病的典型区域。目前，我国有结核病人450万人，80%分布在农村，70%左右的艾滋病病毒感染者和病人在农村，血吸虫病人和乙型肝炎病毒携带者绝大部分也在农村。在贫困农村，由于家庭成员中某一人生病而没有得到及时治疗，往往容易导致病人诱发另一种或另几种疾病，这种“一病多病”的现象在农村并不少见；在农户家庭中，一人得了重病尤其是重传染病，因为经济条件、医疗条件等所限，而没有得到应有的和及时的治疗，而导致家中其他成员染上同样病，甚至酿成“全家悲剧”，这种“一病皆病”、一人生病酿成全家遭殃的悲剧在农村也时有发生。对此，应引起我们的高度重视。

5 对策及措施

5.1 提高认识

建设社会主义新农村，就要为农民建立一个与我国经济社会发展水平相适应的医疗保障体系。让占全国人口超过70%的农民采用自我保健制，自费承担医疗费用风险，显然不符合我国社会经济协调发展的要求以及“注重社会公平”和“注重政府公共服务职能”的政府行政原则。因此，建立新型农村合作医疗制度，既是我国经济社会发展的必然趋势，更是建设社会主义新农村的重要内容，是构建社会主义和谐社会的重要组成部分。对此，我们各级领导和部门必须高度重视，切实提高认识，真正把建立新型农村合作医疗制度当作一件大事来抓，务必抓紧，抓好，抓出成效。

5.2　搞好试点

新型农村合作医疗制度是在政府不断努力解决“三农”问题、构建社会主义和谐社会的背景下出台的重大惠农政策，是落实十六届五中全会提出的“社会主义新农村建设”的重要内容。推行新型合作医疗制度政策的重点目标是帮助农民减轻因患重大疾病而带来的经济负担，减少农村居民“因病致贫”和“因病返贫”现象。自 2003 年新型农村合作医疗制度试点推开以来，首批启动的试点县（市、区）有 304 个，2004 年增加到 333 个。至 2005 年 6 月底，全国已有 641 个县（市、区）开展了试点工作，1.63 亿农民参加了合作医疗，共补偿参加合作医疗的农民 1.19 亿人次，补偿资金支出 50.38 亿元；截止 2006 年底，全国 51%的县（市、区）参加“新农合”试点，“参合”农民已达 4.1 亿人，补偿农民 4.2 亿人次，补偿金额累计达到 242 亿元，取得了显著的阶段性成效，得到社会各界的认可。

按照中央部署，2005 年 9 月召开的“全国新型农村合作医疗试点工作会议”决定：2006 年将试点的县（市、区）由 2005 年占全国的 21%扩大到 40%左右，到 2008 年建立基本覆盖全国农村居民的新型农村合作医疗制度，比原定目标提前两年。可以说，全力以赴搞好新型农村合作医疗制度的试点工作，不仅将从根本上改善广大农村医疗卫生条件，造福全国百姓，而且将对今后相当长一段时期内我国社会主义新农村建设及全面建设小康社会和构建社会主义和谐社会产生积极而深远的影响。

5.3 培养人才

当前，农村卫生人才匮乏是直接影响农村医疗卫生事业发展的重要因素，对建立新型农村合作医疗制度极为不利。根据调查，全国各地农村基层医疗卫生单位普遍存在着专业技术人员的专业水平不高、年龄结构老化、学历层次低、专业结构不合理，以及人才流失严重等，这些问题不解决，将严重影响建立新型农村合作医疗制度，影响农村社会事业的发展，影响建设社会主义新农村大业。可以说，尽快为广大农村培养高素质的医疗卫生专业人才已迫在眉睫。

为此，各级有关领导和部门，必须高度重视农村卫生人才的培养，并采取以下几项具体措施：第一，加快培养面向农村的适用卫生人才，在中西部地区选择若干所医学院校，采取定向招生、定向分配的方式，开展面向农村的专科医学教育试点工作；第二，积极引导、鼓励医学类毕业生到农村服务；第三，采取扶持政策，如实行政府举办的二、三级医院和疾病预防控制机构取得执业医师证书的新聘人员，以及城市医生在晋升主治医师或副主任医师前到农村累计服务一年的制度；第四，积极开展农村卫生技术人员业务知识和技能培训，严格执行乡村医生执业注册制度，有条件的地方，可对乡村医生实行补助制度，逐步提高农村卫生专业人员的待遇，稳定农村基层医疗卫生队伍。

5.4 增加投入

几年来，政府对医疗卫生的投入大幅度减少，特别是对农村的卫生投入更是令人不安。1993 年农村卫生费用占全国卫生总费用的 35%，1998 年为 25%，而 2000 年还不到 23%，7 年里下降了 10 个百分点，平均每年以近 2 个百分点递减。更令人不安的是城市和农村卫生资源配置极度不公平，或者说，国家对农村医疗卫生的投入极其偏少。如 2000 年，中国卫生总费用为 4 763.97 亿元，其中农村卫生费用只占总费用的 22%，而城镇卫生费用却占总费用的 78%。也就是说全国 13 亿人口中，64%的农村居民只拥有不到1/4的卫生总费用。1991—2000年的10年间，中央政府拨给合作医疗的经费是每年500万元，各级地方政府配套资金也是每年500万元，全国每年各级政府对合作医疗的总投入，让8亿农民分摊，平均每人每年仅有1分钱。显然，加大物质、资金投入，已成为建立新型农村合作医疗制度的关键之举。

要建立以政府主导、多元投入的稳定机制。由政府主导的财政投入是改变农村医疗卫生条件落后面貌的根本措施。这里强调两点：第一，应重点加强在公共卫生领域上的投入，政府“打包”购买公共卫生服务的形式，强化农村公共卫生机构和人才队伍的建设，重新确立以体现买单农民受益、新型的农村公共卫生防护网络；第二，要保证对基础设施建设的投入，特别是对急需业务用房的改扩建以及院容院貌等配套设施的建设，从根本上改善农村卫生人才队伍的工作和生活环境；同时，还要不断添置新的医疗器械和设备，改善医疗卫生的服务条件、壮大服务规模、提升服务质量和水平，真正为保障农民的健康做出贡献。

5.5　完善体系

完善农村医疗卫生体系建设是加快建立新型农村合作医疗制度的关键所在。当前，全国各地农村三级合作医疗网事实上早已处于“网散、线断、点破”的状况。要改变这种状况，就是要加快健全县、乡、村三级农村医疗卫生服务网络。要大力实施农村卫生服务体系建设规划，以乡镇卫生院为重点，同步建设县医院、县中医院（民族医院）、县妇幼保健院和村卫生室。按照中央部署，到2010年，在全国农村基本建立起适应社会主义市场体制要求和农村经济发展水平的农村卫生服务体系，与农民收入水平相适应的药品供应监管体系和医疗服务规范，全面改善农村卫生服务基础设施条件，全面加强公共卫生和基本医疗服务能力，真正早日彻底解决农民“看病难”、“看病贵”的问题。

5.6 健全法律

要确保新型农村合作医疗制度的可持续发展，必须加快合作医疗立法进程。应根据新型农村合作医疗制度立法条件的成熟程度，尽早确定立法的可行方案，建立、健全相应的法律、法规和各项规章制度。首先，必须加紧制定我国的社会保障基本法，在此基础上制定农村社会保障的子法和部门规章，以尽快改变社会保障立法滞后的现状；其次，要以新出台的《关于建立新型农村合作医疗制度的意见》为契机，通过各地试点，总结经验教训，再上升到法律层面，通过规范参与“合作医疗”各主体的权利与义务，规定“合作医疗”的实施办法，等等，从制度上堵塞漏洞，以保证这项制度的可持续性；最后，要抓紧地方立法，完善实施细则，使它们形成有机的法律体系。可以说，只有形成一套全面、完善、科学的法律、法规和规章制度，并严格执行，才能确保建立适合新时期我国国情的新型农村合作医疗制度，才能不断推进我国社会主主义新农村建设向前发展。

参考文献：

[1] 医改课题组．建立政府买单的全民医保制度．中国青年报，2007-07-12

[2] 韩俊，罗丹．中国农村医疗卫生状况报告．中国发展观察，2005（创刊号）：12～21

[3] 青理东．实行新型农村合作医疗的实践与思考．今日中国论坛，2006（1）：68～70

[4] 张德元．中国农村医疗卫生事业的回顾与思考．卫生经济研究，2005（1）：19～21

[5] 高建民，杨晓玮，薛秦香等．陕西省农村医疗机构现状研究．卫生经济研究，2004（3）：9～12

[6] 王碧华．新型农村合作医疗制度实施中的矛盾及其解决．理论导刊，2006（1）：52～55

[7] 季嘉南，徐浩刚，徐志良．建立和完善新型农村合作医疗制度的思

考．中国农村卫生事业管理，2003，23（9）：51～53

[8] 赵玉香，赵银祥．我国农村医保现状分析与建议．华北煤炭医学院学报，2006，8（2）：249～250

[9] 吕滨，姚晓曦，高开焰等．推进我国农村卫生事业发展的思考与建议．科学社会主义，2006（1）：68～72

[10] 杨鹏程．农村医疗困境与对策研究．学术交流，2006（4）：85～88

[11] 吴健明，裴丽昆．中国农村医疗保障制度的现状与对策．中国农村卫生事业管理，2006，26（3）：21～23

[12] 宋斌文．我国农村合作医疗的过去、现在和未来．医学与哲学，2004，25（3）：23～25

下篇　实践分析

论中国中部地区社会主义新农村建设*

摘　要：中部地区在我国农业与农村发展中占有重要战略地位。推进中部地区社会主义新农村建设具有重要的理论与现实意义。近年来，中部地区在建设社会主义新农村中已取得一定进展与成效。当前，中部地区社会主义新农村建设尚存在以下几方面的困难和问题，亟待研究解决，如：①生产方式原始，生产效率低下；②生态破坏严重，环境污染加剧；③农业基础薄弱，自然灾害频繁；④农村教育落后，农民素质偏低；⑤农民收入低，贫困人口多；⑥社会事业落后，保障体系脆弱。

为推进中部地区社会主义新农村建设，作者认为应遵循以下原则：一是规划先行的原则；二是循序渐进的原则；三是市场导向的原则；四是政府主导的原则；五是农民主体的原则；六是平衡协调和综合配套的原则；七是资源节约和环境友好的原则；八是因地制宜的原则；九是可持续发展的原则。新世纪新阶段，推进中部地区社会主义新农村建设，应采取以下对策和措施：①提高认识；②提升素质；③搞好规划；④分步实施；⑤发展新型产业；⑥改善生态环境；⑦建设社会事业；⑧加大政策扶持；⑨增加物质投入；⑩完善法律法规。

---

* 本文于 2007 年 7 月 18 日完成。

关键词：社会主义新农村建设；生产发展；农民增收；生态环境；可持续发展；中国中部地区

2005年10月，党的十六届五中全会通过的《中共中央关于制定国民经济和社会发展第十一个五年规划的建议》中指出，“建设社会主义新农村是我国现代化进程中的重大历史任务”。要按照“生产发展、生活宽裕、乡风文明、村容整洁、管理民主”的要求，坚持从各地实际出发，尊重农民意愿，扎实稳步推进新农村建设。响应党中央的号召，全国各地正在积极开展社会主义新农村建设。和全国各地一样，我国中部地区各省也在如火如荼地开展社会主义新农村建设的各项工做，并取得了显著成效，本文拟对此做些分析和探讨。

1 地位

中国中部地区包括山西、河南、湖北、湖南、安徽、江西6省，面积占全国的1/10。中部地区在我国农业发展与社会主义新农村建设中占有重要地位。首先，人口数量多。2000年，中部六省总人口为35 693万人，占全国总人口的28.16%；2005年，中部地区人口35 202万人，占全国人口总数的26.92%，其中，中部地区农村人口占全国农村人口的30%。其次，经济分量重。2000年，中部地区国内生产总值为19 791亿元，占全国总量的19.95%；2005年，中部地区国内生产总值达37 047.1亿元，占全国总量的20.32%；2006年中部六省的经济总量达到了42 961.6亿元，占全国比重上升到20.5%。最后，农产品比重大。据《中国农业统计年鉴》资料，近些年来，中部地区生产了占全国1/3的农产品，其中，小麦产量占全国的近40%、稻谷产量占全国的近32%，棉花产量占全国的31%，油料产量占全国的41%，肉类产量占全国的28%，中部地区已成为全国重要的农业产区和主要的农产品供应基地（详见表1）。

表1 中部地区在全国的战略地位（2005年）

项 目	中部地区	全 国	中部地区占全国比重（%）
1. 乡村户数（万户）	7 314.40	25 222.40	29.00
2. 乡村人口数（万人）	28 364.90	94 907.60	29.89
3. 乡村劳动力资源数（万人）	16 639.60	54 569.10	30.49
4. 耕地面积（万公顷）	3 056.65	13 003.92	23.51
5. 农林牧渔业总产值（亿元）	10 434.50	39 450.89	26.45
其中：农业产值（亿元）	5 280.93	19 613.37	26.93
林业产值（亿元）	404.48	1 425.54	28.37
牧业产值（亿元）	3 698.82	13 310.78	27.79
渔业产值（亿元）	740.99	4 016.12	18.45
6. 粮食总产值（万吨）	14 778.00	48 402.00	30.53
其中：小麦（万吨）	3 813	9 745	39.13
稻谷（万吨）	13 633	42 777	31.87
7. 棉花总产量（万吨）	176.420 8	571.417 4	30.87
8. 油料总产量（万吨）	1 252.543 0	3 077.135 0	40.70
9. 肉类总产量（万吨）	2 182.1	7 743.1	28.18

注：根据《中国农业年鉴2006》（中国农业出版社，2006）整理而得。

显然，中部地区农业和农村的发展，对全国农产品供给状况、粮食安全及新农村建设有着极其重要的影响；中部地区农村人口多，农业比重大，农村经济发展相对缓慢，加速中部地区的农业与农村发展，积极推进中部地区的社会主义新农村建设，在我国整个农业发展与社会主义新农村建设全局中占有重要战略地位。

2 意义

近几年来，按照党中央的战略决策，我国先后实施了鼓励东部地区率先发展战略、西部大开发战略、振兴东北老工业基地战略，以及“中部崛起”战略，同时不断推进社会主义新农村建设，这对我国早日实现社会主义现代化具有极为重要的推动作用，其意义十分深远。

促进中部地区崛起，推进中部地区社会主义新农村建设，是党中央大力推进我国社会主义现代化建设战略决策的重要组成部分。推进中部地区社会主义新农村建设，不仅直接关系到中部地区本身的农业与农村发展，而且对于促进和全面推进全国的社会主义新农村建设，以及构建社会主义和谐社会具有十分重要的理论与现实意义。

具体来说，推进中国中部地区社会主义新农村建设有以下几方面的理论与实践意义。

2.1 维护粮食安全

确保足够粮食供应，维护国家粮食安全，是我国未来农业发展和新农村建设面临的重大战略任务。中部地区是我国重要农业生产区域和粮食生产基地，目前担负着全国1/3农产品、2/5粮食（主要是小麦和稻谷）的生产量和供应量。可以说，中部地区已经为我国食物安全、粮食安全做出了重要贡献。

今后，随着工业化、城市化、城镇化进程的加快，东部地区的农业地位有可能进一步削弱，西部地区和东北三省由于其自然条件所限，农业要在短时间内有大的发展和“突破”比较困难。在这种形势下，中部地区理应继续担负起农业生产和粮食安全的重任。加快中部地区社会主义新农村建设，从根本上为促进中部地区“生产发展”注入了新的生机和活力，为维护国家粮食安全提供了有力保障。

2.2 促进农民增收

中部地区经济发展缓慢，农民收入偏低。2005年，中部地区农民人均纯收入为2 958元，是全国平均水平的90.9%，绝对贫困人口和相对贫困人口分别占全国的1/4和1/3。造成中部地区农民收入增加缓慢、贫困人口增多的原因主要有以下几方面：一是整个经济发展缓慢；二是产业结构、农业结构不合理，不能适应新形势、国际化的要求；三是农民就业门路不多，剩余劳动力逐年增加，“无事可干”农民数量增多；四是农业本身的“比较效益”呈现下降趋势，等等。

推进中部地区社会主义新农村建设，增加对农业生产、农村基本建设等的物质和资金投入，不仅可提高农业生产的效率，增加农产品数量、提高农产品质量，还可增加农民就业岗位、改善农村生产和生活条件，从整体上增加农民收入、改善农民生活，充分体现社会主义新农村的优越性。

2.3 保护生态环境

总体上来说，中部地区生态环境较东部地区、西部地区和东北三省要优越得多。但是，自改革开放以来，尤其是近几年来，中部地区各省和全国各地一样，大力实施工业化、城市化发展战略，建设开发区、工业园区、新市区、新城区、大学城，修铁路、建高速公路、建高架桥，以及搞房地产开发等各种“圈地运动”，在促进经济发展的同时，对土地资源和生态环境已造成了严重的和不可挽回的破坏。

建设社会主义新农村，不仅要求发展农业生产、改善农民生活，同时还要求加快生态建设、整治村容村貌，把广大农村建设成环境优美的“新农村”。这对中部地区保护生态环境、整治生态环境、建设生态环境、改善生态环境和优化生态环境十分有利，对实现中部地区“生态现代化”十分有利。

2.4 建设小康社会，构建和谐社会

促进中部地区农业发展、推进中部地区社会主义新农村建设，不仅关系到国家实施“中部崛起”的战略大局，而且必将影响到国家经济社会全面、协调与可持续发展的全局。加快中部地区社会主义新农村建设，就是加快中部地区的社会主义现代化建设，这必将改善中部地区各省的农村基础设施条件，建设和发展广大农村的社会保障事业，增强中部地区农业与农村抵御自然灾害的能力，提升农业综合生产能力，提高科技对农业增长的贡献率，建立稳定农产品特别是粮食生产的长效机制，这对增加经济收入，消除地区差距、城乡差距、农户（或居民）之间收入差距等将产生显著作用，对消除两极分化、贫富差距将产生重要作用。这正是建设小康社会、构建社会主义和谐社会所要达到的目标。

3 成效

近几年来，中部地区全体干部群众积极响应党中央、国务院的号召，大力开展社会主义新农村建设，并已取得初步成效。

3.1 作物产量提高

"生产发展"是社会主义新农村建设的首要目标。生产发展的重要标志之一是作物产量的提高。以江西省为例，2004 年全省粮食总产量为 1 803.40 万吨，2005 年增加到 1 853.86 万吨，净增 50.46 万吨，年增长 2.8%；油料产量 2004 年为 25.723 7 万吨，2005 年增加到 26.223 8 万吨，年增长 1.9%；棉花产量 2004 年为 8.481 2 万吨，2005 年 8.719 6 万吨，年增长 2.8%。中部地区其他省份作物产量均有较大提高。

3.2 农民收入增加

从表 2 可以看出，中部地区农村居民家庭人均纯收入每年都有一定幅度的增长，这说明，推进中部地区社会主义新农村建设，已成为促进广大农民增收的重要途径。

表 2 中部地区农村居民家庭人均纯收入增长情况（1999—2005 年）

单位：元/人

地区	1999 年	2000 年	2001 年	2002 年	2003 年	2004 年	2005 年
山西	1 772.6	1 950.6	1 956.0	2 149.8	2 299.2	2 589.6	2 890.7
河南	1 948.4	1 985.8	2 097.9	2 215.7	2 235.7	2 553.2	2 870.6
湖北	2 217.1	2 268.6	2 352.2	2 444.1	2 566.8	2 890.0	3 099.2

（续）

地区	1999 年	2000 年	2001 年	2002 年	2003 年	2004 年	2005 年
湖南	2 127.5	2 197.2	2 299.5	2 397.9	2 532.9	2 837.8	3 117.7
安徽	1 900.3	1 934.6	2 020.0	2 117.6	2 127.5	2 499.3	2 641.0
江西	2 129.5	2 135.3	2 231.6	2 334.2	2 457.5	2 952.6	3 265.5
中部平均	2 015.9	2 078.7	2 159.5	2 276.6	2 369.9	2 720.4	2 980.8
全国	2 210.3	2 253.4	2 366.4	2 475.6	2 622.2	2 936.4	3 254.9

注：资料来源于《中国农业年鉴》（中国农业出版社，2006）。

但也必须看到，中部地区农民增收幅度还不大，与全国平均水平相比，还是有差距的，“中部塌陷”问题依然存在。

3.3 农村环境改善

村容整洁是社会主义新农村建设的重要内容。江西省在新农村建设中，从老百姓最关心、最需要的事情做起，以村庄规划为先导，以改善人居环境为主攻方向，以“三清三改”（即清垃圾、清淤泥、清路障；改水、改厕、改路）为内容，改善农村生态环境，使各地村容村貌大为改观。

安徽省滁州市全椒县在建设社会主义新农村中，从全县实际出发，提出以生产发展为支撑点，以村容村貌为切入点，突出抓了“五清”和“五改”。“五清”，就是清垃圾、清杂草、清路障、清草堆、清淤泥，“五改”就是改路、改水、改厕、改圈、改橱。通过“五清”和“五改”，该县生态环境明显改善，农民从中尝到了“甜头”。

3.4 农民生活质量提升

河南省委、省政府对解决“三农”问题和建设社会主义新农村高度重视，采取多种措施，不断增加对农村各项事业的投入，仅 2004 年，全省农村固定资产投资总额及各级财政用于农业的支出就分别高达 664.5 亿元和 67.3 亿元；全省的农村基础设施条件、农业生产能力、农民富裕程度和村民自治能力都有较大的改善和提高；一些地方在产业发展、村镇建设等方面也取得了较大成效，积累了经验，并先后建设了一批文明村、小康村。全省农民生活质量整体得到提升。

安徽省滁州市全椒县建设社会主义新农村以来，经过全体干部、群众的努力，全县基本实现了提出的“喝干净水、上卫生厕、走平坦路、种高效田、做文明人”奋斗目标，达到了“让农村人过上和城里人一样的新生活”的要求，从整体上提高了全体村民的生活质量。

2005 年，江西省硬化和改造农村公路 3.4 万公里，农村公路通车总里程已超过 10 万公里，1 509 个乡镇全部通公路，82.9%行政村已通公路。交通条件改善，极大地方便了农村居民的生产和生活，有效地提升了农民“居家过日子”的质量和水平。

4 问题

尽管中部地区近年来在建设社会主义新农村中取得一定成效，但不容否定，当前中部地区在建设社会主义新农村进程中，仍然面临诸多困难和问题，亟待研究解决。

4.1 生产方式原始，生产效率低下

尽管我国各地正在积极发展现代农业，但中部地区由于其历史和现实原因，劳动力素质低，思想观念落后，经济基础薄弱，生产方式落后甚至原始，大多数地方仍然停留在传统农业发展阶段。生产方式的原始、落后，必然导致农业生产效率低下。

虽然近年来，中央惠农政策不断出台，让农民种田劲头大增，但由此也带来弊病：在思想素质方面，由于保守和小农意识根深蒂固，普遍存在“小富即安”的心理，缺乏干大事创大业的开拓进取精神；在技能素质方面，具有一技之长的还比较少，导致种田只能是粗放经营，不能集约经营；外出打工，也只能卖苦力打粗放工，严重制约了农民的增收；农村二、三产业发展缓

慢，经济效益普遍偏低，对农民增收的支撑能力弱，农民从事二、三产业收入较少，农民增收后劲不足；农村基础设施和农业生产条件改善等资金和物质投入严重不足；农业产业化发展缓慢，农产品加工大多停留在初级生产、加工上，精加工、深加工很少，因而农产品科技含量低，附加值不高，竞争力较弱，等等。以上这些，是中部地区农业生产效率低下的主要原因。

4.2　生态破坏严重，环境污染加剧

改革开放以来，特别是20世纪90年代开始，大规模的工业园区建设和农业资源（荒山、荒坡等）开发，给中部地区生态环境造成极大破坏，引发严重的水土流失。据安徽省水利厅监测，安徽省年平均土壤流失量为5 547万吨至1亿吨，其中黄山、铜陵、池州等8市水土流失面积超过当地总面积的10%。根据《安徽省水土保持监测公报》，2005年全省水土流失面积为1.88万平方千米，是20世纪50年代的2倍多，占全省总面积的13.5%，其中丘陵地区近几年来因生产建设和资源开发造成水土流失正日益增长。每年新增水土流失面积近600平方千米，土壤流失总量达到2 726万吨。

由于现代工业的发展，以及农业自身不合理的生产方式等多方面的原因，农业与农村环境污染正日益成为新农村建设中的一个不可回避的问题。2004年度，安徽全省废水排放总量达14.84亿吨，其中工业废水排放6.41亿吨，生活污水排放8.43亿吨。污水源源不断地流入江、河、湖泊，导致淮河、巢湖、长江流域水污染严重。同时，为了提高农作物产量，在农业生产过程中大量使用化肥、农药，导致土壤养分失调、理化性质变差，农业“自身污染”有逐年加剧的趋势。2004年安徽全省化肥使用量达270.33万吨，农药使用量达7.43万吨，相当于每公顷耕地化肥使用量647.07千克、农药使用量17.78千克。化肥和农药对农产品造成的污染，已直接影响到该省农产品的出口率和市场占有率，影响农业效益和农民增收。

4.3 农业基础薄弱，自然灾害频繁

中部地区农业基础薄弱。2004 年，河南省人均财政收入仅 441 元，不足全国平均水平的 50%；全省 109 个县，只有 65 个财政收入超亿元。经济基础的薄弱，必然导致农业和农村基础设施落后，对农业与农村的可持续发展产生不利影响。

中部地区农业自然灾害频繁。中部地区农业基础薄弱，抵御自然灾害能力不强，必然导致该地区每年遭受自然灾害的危害，给农业生产和人民生命财产带来严重损失。据统计，2004 年，安徽全省受旱面积 73.3 万公顷，直接经济损失 20.6 亿元；洪涝灾害面积 24.0 万公顷，直接经济损失 15.0 亿元；大风、冰雹、雷击灾害面积 40.0 万公顷，直接经济损失 21.7 亿元。2005 年，山西全省农作物受灾面积达 2 419 万公顷，绝收面积 627 万公顷；因灾倒塌房屋 1.62 万间，损坏房屋 3.08 万间；受灾人口达到 133.7 万人。2007 年 7 月 11 日，中国新闻网报道，2007 年 7 月 4 日至 10 日，淮河发生了自 1954 年以来第二位流域性大洪水，给沿淮地区的河南、安徽等省造成严重危害，农作物受灾面积 180.8 万公顷，成灾 52.8 万公顷，受灾人口 1 746 万人，倒塌房屋 3.17 万间，直接经济损失 74.4 亿元。

4.4 农村教育落后，农民素质偏低

农民素质问题直接决定新农村建设的成败。人是生产力中最活跃的因素。从新农村建设需要来看，无论经济发展还是社会事业发展；无论基础设施建设，还是精神文明建设；无论立足当前，还是着眼长远，都需要智力支持和人才保障。建设社会主义新农村落脚点在“村”，重点在“农民”，难点在农民“素质”；为的是农民，靠的也是农民。农民的文化素质、技术能力和思想道德水平，直接决定新农村建设的兴衰，决定新农村建设的成败。在农村，成功转移出去并取得满意收入的都是素质较高的，而文化程度较低的往往难以成功转移或者只能是暂时性转移，因

为文化程度较低的农民难以在转移地取得稳定的满意收入，务工收入与农民的受教育程度相关。

然而，中部地区农村教育落后，农民素质偏低，对建设社会主义新农村带来非常不利的影响。目前，江西全省农村劳动力中文盲、半文盲占5.51%，小学文化程度的人占34.76%，初中文化程度的占48.88%，高中以上文化程度的只占10.8%，大专以上的仅占0.4%。大多数农民工没有经过劳动技能培训，缺乏一技之长。农民是新农村建设的主体，农民的低素质必然阻碍和影响社会主义新农村建设的速度和进程。

4.5　农民收入低，贫困人口多

农村经济贫困，农民收入偏低，这是推进中部地区社会主义新农村建设中面临的一个“瓶颈”问题。具体表现在以下几方面：

（1）人均收入低。2005年，中部地区农民人均纯收入为2 980.8元/人，是全国平均水平（3 254.9元/人）的91.58%，绝对贫困人口和相对贫困人口分别占全国的1/4和1/3。河南省是全国农业大省，2004年全省粮食、棉花、油料和肉类总产量分别占全国的9.1%、10.5%、13.3%和8.9%，居全国各省（区、市）的第1、第3、第1和第2位，但全省农民人均收入水平较低。2004年河南省农村居民家庭纯收入只相当于全国平均水平的86.9%，其中，工资性收入只相当于全国平均水平的75.5%、家庭经营收入只相当于全国的98.3%、财产性收入只相当于全国的36.8%、转移性收入只相当于全国的46.9%。

（2）剩余劳力多。实现农村剩余劳动力转移就业，是增加农民收入、建设社会主义新农村的重要内容。江西现有农村劳动力1 600万人，实际只需要大约500万人，剩余劳动力达1 100万人。安徽省劳动力资源丰富，有2 900万左右，除去从事农业生产和转移出去的2 400万左右外，全省常年还有500多万农村富余劳动力。2003年，中部6省农村剩余劳动力达7 000多万人，约占农村劳动力总数的40%。

(3) 城乡差距大。改革开放以来，尤其是近些年来，城乡经济发展的不平衡性，造成全国各地城乡差距越拉越大，中部地区更是明显。1984年河南省城乡居民收入差距为1.81∶1，到1994年为2.86∶1，2005年达到3.22∶1。江西省城乡居民收入之比由2000年的2.39∶1扩大到2005年的2.64∶1。

(4) 贫困人口多。据调查，河南全省目前尚有1/10的农村贫困人口，1/3的县仍为国家级和省级扶贫开发重点县。2003年，安徽省有19个国定贫困县，贫困人口160多万人，低收入人口350多万人，其生活水平不仅没有达到总体小康水平，有的甚至连温饱问题都没有解决。目前，中部地区分布着国定贫困县151个，占592个国家扶贫开发重点县的25.5%；有老区县137个，占全国241个老区县的56.8%。

4.6 社会事业落后，保障体系脆弱

中部地区农村社会事业发展缓慢，农村保障体系尚未建立，突出表现在农村科技、文化、教育、卫生事业的发展滞后，农村基础教育落后，医疗卫生投入不足，文化宣传阵地和文化队伍建设滞后，计划生育基础建设薄弱，社会保障体系和机制还不完善，农村社会保障覆盖面小，保障水平低，上学难、上学贵，看病难、看病贵，因病致贫、因灾致贫现象存在。

资金投入严重不足。建设社会主义新农村，发展农村各项社会事业，需要庞大数量的资金投入。但中部地区各省（市），由于县乡财力有限，村级经济薄弱，农户筹集资金更加困难，依靠各地经济发展也要有个过程。因此，资金不足、财力薄弱，已成为中部地区各省建设社会主义新农村、发展农村社会事业的“瓶颈”。

5 原则

5.1 规划先行的原则

凡事预则立，不预则废。社会主义新农村建设是一项庞大的

系统工程，是一件事关千家万户、涉及千山万水、影响千秋万代的大业，必须统筹安排，做好规划。中部地区各省、市、县、乡（镇）、村，要根据国家关于社会主义新农村建设的一系列路线、方针和政策，结合各地的具体实际，并经过反复认证，制定具有科学性、前瞻性和针对性的新农村建设规划。这是搞好中部地区社会主义新农村建设的首要条件。有了这样一个科学规划，并且“一任接着一任干，一张图纸干到底”，就一定能干出成效，中部地区的社会主义新农村建设就一定有希望。

5.2 循序渐进的原则

社会主义新农村建设是一个漫长的过程，不可能一蹴而就。要立足稳扎稳打，一步一个脚印，这样方能取得成效，中部地区社会主义新农村建设才能取得成功。社会主义新农村建设涵盖生产、生活、乡风、村容和管理五个方面内容，要做到循序渐进，就要善于正确区分新农村建设中各个内容、各个项目的轻重缓急，要根据其大小、重要性以及与农民关系密切的程度等，确定先干什么、后干什么，整体推进、分步实施，真正做到政府放心、群众满意。

5.3 市场导向的原则

我国正在实行社会主义市场经济，推进中部地区社会主义新农村建设，必须以市场为导向，要求按照市场的要求配置资源、调整资源、优化资源。江西省赣州市社会主义新农村建设之所以能走在全国前列，并创立了“赣州模式”（赣南模式），一个重要原因就是该市在建设社会主义新农村过程中，始终坚持以市场为导向的原则，如农业结构调整，坚持按市场要求选择作物种类和品种类型；村庄建设坚持按市场要求确定房屋规格和式样，村容村貌坚持按“市场化、国际化”要求，等等。

5.4 政府主导的原则

社会主义新农村建设是一项涉及方方面面的基础性工程，需要政府积极引导。根据实践和调查，凡是新农村建设搞得好的地方，政府的指导、引导作用都是必不可少的。江西省建立的“政府主导、农民主体、干部服务、社会参与”的工作机制，有效地保障了社会主义新农村建设各项工作的顺利进行，实践证明，这一工作机制是成功的。政府主导，就是充分体现政府在宣传发动、制定规划、政策扶持和各种财政投入，以及各方面资源整合中发挥其“主导”作用，这一作用是其他组织和个人无法替代的。

5.5 农民主体的原则

农民是社会主义新农村建设的主体。中部地区在建设社会主义新农村过程中，必须始终尊重农民意愿，做农民满意的事，做对农民有利的事，决不能坑农、害农。同时，在新农村建设中，要十分注重发挥人民群众的积极性、主动性和创造性，并且要特别注意组织、引导农民群众参与到社会主义新农村建设的各个方面的工作，同时，注意维护和实现好农民群众对新农村建设的发言权。此外，还要发挥群众做群众工作的积极性，真正让农民群众实现自我管理、自我服务。

5.6 平衡协调和综合配套的原则

中部地区6省的情况各不相同，地区差距、城乡差距、农户之间的贫富差距等均不同程度的存在。建设社会主义新农村，就是要逐步消灭各种差距、各种差别，实现平衡发展、协调发展和科学发展。而要做到这一点，就必须采取综合配套措施，在促进生产发展、改善农民生活、建设乡村文明、整治村容村貌、实现民主管理等各个方面，全面推进中部地区社会主义新农村建设。

5.7 资源节约和环境友好的原则

我国正在倡导建设资源节约型和环境友好型社会。中部地区建设社会主义新农村，同样必须遵循资源节约和环境友好的原则。一是资源节约的原则。我国是一个人口多、资源少、人均资源占有量非常贫乏的国家，中部地区同样面临着人多资源紧缺的矛盾。因此，中部地区建设社会主义新农村必须以资源节约为前提，当前特别要强调节地、节水、节种、节药（包括农药、除草剂、抗生素等)、节能(包括节电、节油、节柴、节煤等)、节粮、节饲、节时(农时、季节)等。二是环境友好的原则。就是中部地区各省在建设社会主义新农村过程中,要千方百计珍惜环境、爱护环境、保护环境,整治环境、建设环境、优化环境,并最终实现人与自然的和谐发展。

5.8 因地制宜的原则

中部地区6省各自的自然条件和社会经济状况不同,建设社会主义新农村的具体目标、内容、途径、方式方法等理应有一定的差别。这就要求各地应紧密结合自己的实际情况,在制定好各自的建设规划的前提下,选择适合各地的新农村建设的具体模式、技术、措施等,按照党中央、国务院关于社会主义新农村建设的目标、任务要求,逐渐推进各地的社会主义新农村建设,并务求取得实效。

5.9 可持续发展的原则

建设社会主义新农村的最终目标,是要实现人口、资源、环境与经济、社会的全面、协调、健康和可持续发展。中部地区建设社会主义新农村必须始终遵循可持续发展的原则,以科学发展观为统领,努力建设小康社会和构建社会主义和谐社会,并最终实现该地区乃至全国经济社会及整个国民经济的全面发展、协调发展和可持续发展。

6 对策与措施

新世纪新阶段,积极推进中部地区社会主义新农村建设,应综合采取多种对策和措施。

6.1 提高认识

至今,还有部分干部、群众认为社会主义新农村建设是"一阵风","走过场","没有什么实际意义",等等。这显然是不对的。不改变这种认识,就不可能全身心地投入到社会主义新农村建设的各项具体工作之中,就不利于推进中部地区社会主义新农村建设。

为了提高广大干部、群众对建设社会主义新农村的认识，一是必须加大宣传力度，通过报纸、广播、电影、电视、黑板报、墙报等各种媒体，大力宣传社会主义新农村建设的目的、意义及党中央关于社会主义新农村建设的一系列路线、方针和政策；二是在各级党校、行政学院系统及各类大学或职业学校，举办社会主义新农村建设专题研讨会、培训班、辅导班、轮训班等，让更多的干部、群众加深对建设社会主义新农村必要性和重要性的认识；三是通过发展农村信息化技术，改善农村信息化平台，让更多的农村干部、群众能够通过互联网快速、便捷地了解到社会主义新农村建设的各种信息，从而推动中部地区乃至全国社会主义新农村建设的向前发展。

6.2 提升素质

总体上来说，中部地区干部、群众素质还是比较低的，距离建设社会主义新农村所要求的政治素质、业务素质还比较远。今后，为提升中部地区广大干部、群众的整体素质，应采取以下几项措施：一是普及农村“九年义务”教育，全面提升农村未成年人的受教育水平；二是采取坚决措施，对已失学、辍学的儿童或未成年人，促其“返校”读书，完成学业；三是对于成年人，实行“绿色证书”制度，即要求农村每一位成年人（主要是青壮年人）在一年中安排一定时间参加“继续教育”，连续三年完成学业者（通过考试或考核），颁发“绿色证书”；四是对于农村基层干部，同样应通过培训、继续教育的途径提升其政治和业务素质，并建立相应考试与考核制度，促其完成学业，提升素质，推进中部地区社会主义新农村建设。

6.3 搞好规划

规划是建设社会主义新农村的首要环节。中部地区建设社会主义新农村，应首先高度重视做好规划。要搞好中部地区各省、市、县、乡（镇）、村的新农村建设规划，一是要进行调查研究，明确各地农村发展现状、存在问题及今后新农村建设的方向、目标、任务和主要内容等；二是要进行比较剖析，通过纵向比较（自身纵向发展比较）和横向分析（与国内、国际类似地区比较分析），进一步明晰各地新农村建设的优势、劣势、发展模式、关键技术措施等；三是要进行反复认证，对已做好的新农村建设的初步规划，要聘请国内外知名专家进行反复认证，要充分体现规划的科学性、前瞻性、针对性、实用性和可操作性。

6.4　分步实施

建设社会主义新农村是一个漫长的过程，必须在总体把握的基础上，做到分步实施。一是要明确各地社会主义新农村建设的重点和难点，做到有的放矢；二是对新农村建设的各项内容、各个项目，要分轻重缓急，逐个落实、逐步实施；三是既要重视中部地区新农村建设中的“硬件”建设，同样也要重视其“软件”建设，要“软”、“硬”结合，分期、分批、分步骤实施，并最终取得中部地区社会主义新农村建设的重点突破和整体推进，不断取得新进展。

6.5　发展新型产业

从根本上来说，建设社会主义新农村，必须建立在生产发展、经济富裕的基础上，没有生产的发展和经济的富裕，一切都是空话，一切都无从谈起。而要做到生产发展、经济富裕，就必须大力发展新型产业。

从目前中部地区新农村建设的生产实践经验来看，凡是新农村建设比较成功的地方，其在发展产业方面有以下几个特点：

①新。在新农村建设中，所选择的产业是“新”产业，表现在发展思路新、农业生物（农作物、农业动物或微生物等）新、农业结构新、农业技术新。近些年来，中部地区农业大省——河南省提出“围绕农业上工业，抓好工业促农业”的新发展思路，大力发展以农副产品为原料的新型加工业，特别是发展具有地方特色的新型食品加工业，建立起了具有地方特色的新型农副产品加工体系，推动该省农村经济上了一个新台阶。目前，河南的粮

食年加工能力已达到270亿千克，占全省粮食总产量的63%。创出了“双汇”、“莲花”等一批农产品加工知名品牌。②快。新型产业的发展速度快，能在短时间内达到较大规模。③高。发展新型产业，往往是采用高新技术，具有高附加值、高效益的特点。河南省在发展农产品加工业生产过程中，采用了世界上最先进的加工技术，发展快，效益高，2005年全省食品工业产值将近2 000亿元，占了全省当年GDP的1/5。

6.6 改善生态环境

村容村貌的整洁是社会主义新农村建设的重要内容和重要目标之一。要实现村容村貌的整洁，就必须不断改善农村生态系统的大环境和周边的小环境。改善农村生态系统的大环境，就是要大力开展植树造林活动，绿化荒山、荒坡、荒水；同时，大力开展环境整治，对各种垃圾进行分类处理，对各种“废物”进行再生利用，变“废”为宝；对各种污染型乡镇企业，要坚决“关、停、并、转”，等等。

在改善农村生态系统大环境的同时，要十分重视农村居民房前屋后小环境的建设，它与农民的生活息息相关。一是要养成不随地乱倒乱扔垃圾的习惯；二是要及时清理生活垃圾；三是要绿化、美化周边环境，多种草、植树、栽花，使生活环境一天比一天好。

6.7 建设社会事业

中部地区农村社会事业总体比较落后。要加快中部地区社会主义新农村建设，必须大力发展中部六省农村社会事业。一是要加快发展农村义务教育，着力普及和巩固农村九年制义务教育；二是大规模开展农村劳动力技能培训，提高农民整体素质，培养造就有文化、懂技术、会经营的新型农民；三是积极发展农村卫生事业，彻底解决中部地区农村广大农民“看病难”、“看病贵”、“有病不想上医院”的各种现象；四是逐步建立农村社会保障制度；五是倡导健康文明新风尚。

6.8 加大政策扶持

中部地区是我国经济欠发达地区，经济实力薄弱，科技发展相对落后。《2006中国可持续发展战略报告》显示，在我国区域科技能力排名中，中部6省的湖北居第9名，湖南居15名，安徽列第17位，山西排在第20名，河南23名，江西位25名。可见，中部地区科技实力之弱。

为加快中部地区社会主义新农村建设进程，必须高度重视提升中部各省的科技实力，以科技发展带动经济发展，以科技推进新农村建设。为此，亟须国家采取相应的扶持政策，建议国家有关部门从农村科技、教育、基础设施建设、信息化服务与“数字农村”等各个方面向中部地区“倾斜”，制定各种优惠政策，全方位推进中部地区社会主义新农村建设。

6.9 增加物质投入

推进中部地区社会主义新农村建设，必须增加物质和资金投入，否则，只能是一句空话。一是增加教育投入，改善教育设施（包括校舍、师资、有关设施、设备等），提升教育质量和水平，使农民子女受教育程度有一个明显提高；二是增加科技投入，要将“科技入户工程”做到中部地区千家万户，使每户农民尝到科技的“甜头”；三是增加信息化投入，彻底改变农村“信息闭塞”的现状，消除“城乡数字鸿沟”，建设“数字农村”；四是增加农村基础设施投入，改变“吃水难”、“行路难”、“乘车难”等中部地区农村落后面貌，真正把中部地区建设成社会主义新农村。

6.10 完善法律法规

从根本上来说，要确保中部地区社会主义新农村建设沿着党中央指明的正确道路的方向前进，必须以法律为保障，用法律、法规和制度来约束和规范各级领导、部门的行为。当前，中部地区各省要突出做到三点：一是要百折不扣地执行已制定的各项法律、法规和规章制度；二是根据变化了的形势，以及社会主义新农村建设的不断向前推进，制定符合新形势、新情况、新要求的各项法律、法规和制度；三是要提升各级领导干部和广大农民群众的法律、法规意识，真正形成“人人懂得法律、个个遵守法律、全社会依法办事”的良好局面。

参考文献：

[1] 中共中央、国务院关于推进社会主义新农村建设的若干意见．中国网，2006-02-21

[2] 中国农业年鉴编辑委员会编．中国农业年鉴（2006）．北京：中国农业出版社，2006

[3] 吴敬秋．论中部崛起与新农村建设．石家庄经济学院学报，2006，29（5）：637～641

[4] 冷淑莲，冷崇总．江西新农村建设的成效、问题与对策．价格月刊，2006，（7）：6～11

[5] 胡文海．安徽省生态农业建设及发展对策．中国农学通报，2006，22（9）：395～399

[6] 梁　滨．努力搞好山西社会主义新农村建设．山西经济，2006，（1）：15～21

[7] 黄国勤．江西社会主义新农村建设探讨．中国农学通报——循环农业与新农村建设．2006，22（2006年中国农学会学术年会论文集）：150～154

[8] 徐光春．扎实推进河南社会主义新农村建设．宏观经济研究，2006，（4）：3～6

[9] 黄正泉．湖南社会主义新农村建设的发展战略模式研究．湖南行政学院学报，2006，（5）：32～33

[10] 王为农，张俊峰，蓝海涛，武翔宇．我国欠发达地区低成本推动型新农村建设道路——以江西赣州市新农村建设调查为例．经济研究参考，2006，（42）：14～45，

[11] 郭新力．推进湖北新农村建设的思路与对策．中南财经政法大学学报，2006，（1）：39～43

中部地区建设社会主义新农村面临的问题及对策研究*

1 本课题国内外研究现状述评及选题的意义

2006年4月，党中央、国务院下发了关于促进中部地区崛起的若干意见，中部崛起战略正式启动。促进中部地区崛起，是党中央、国务院继做出鼓励东部地区率先发展、实施西部大开发、振兴东北地区等老工业基地战略之后，从我国现代化建设全局出发做出的又一重大决策，是落实促进区域协调发展总体战略的重大任务。

建设社会主义新农村，是我国现代化建设进程中的重大历史任务。中部地区是我国粮食核心主产区和优势农产品生产基地，在维护国家粮食安全、促进农业现代化建设进程中占有重要的、不可替代的地位和作用。

我国中部地区包括江西、湖南、湖北、安徽、河南、山西6省，现有国土面积102.8万平方千米，占全国国土总面积的10.7%；总人口3.65亿人，占全国人口总数的28.1%，其中农村人口2.34亿，占全国农村总人口的31%。推进中部地区社会主义新农村建设，解决好中部地区庞大人口的生存和发展问题，本身就是对全国经济社会发展的贡献。另一方面，中部地区生产了占全国1/3的农产品，是全国重要的农业产区和主要的农产品

* 本文系作者申报中国井冈山干部学院科研基金项目“中部地区建设社会主义新农村面临的问题及对策研究”所撰写的课题申请书的主要内容，于2007年5月15日完成。

供应基地。中部地区的稻谷产量、小麦产量均约占全国的40%，棉花产量占全国的31%，油料产量占全国的41%，肉类产量占全国的28%。显然，中部地区农业的发展状况对全国农产品供给及粮食安全、食物安全、生态安全，以及社会的稳定与和谐等具有重要影响。

然而，中部地区在建设社会主义新农村过程中尚面临诸多问题，亟待研究对策。如：①中部地区农民收入水平比较低。2005年，中部地区农民人均纯收入为2 958元，是全国平均水平的90.9%，绝对贫困人口和相对贫困人口分别占全国的1/4和1/3；②中部地区农业基础薄弱，经营方式落后，抵御自然灾害的能力不强，综合生产能力不强，科技对农业增长的贡献率不高，稳定农产品特别是粮食生产的长效机制尚未形成；③农业基础设施和社会公共事业发展滞后；④农民素质普遍较低，等等。

针对以上存在的各种问题，中部地区广大领导和农业科技工作者，对该地区社会主义新农村建设的若干理论与实践问题进行了研究和探索，并取得了一定成效。如：王为农、张俊峰、黄国勤、曾纪发、冷淑莲、冷崇总、周波、周水平等对江西省社会主义新农村建设的理论、模式、成效和存在问题及战略对策等作了较全面的深入分析和研究；黄正泉、程海波等对湖南社会主义新农村建设的重大问题及战略模式进行了较全面的调查分析；徐峰、刘三、严官金、王润涛等研究了湖北省破解“三农”难题的途径和建设新农村的配套措施；胡文海、毕美家、马成文、张华建、李芳芝等对安徽省新农村建设的现状、成效、未来发展态势、目标任务及战略途径等作了深入分析；徐光春、周立、杨卫军、赵国良、关付新等对河南省推进社会主义新农村建设的基本思路、发展途径、保障机制和具体措施等进行了调查研究；张宝顺、梁滨、闫寅宝、潘云等对山西省社会主义新农村建设的标准、重点、存在问题、对策思路等进行了探讨。

可以说，中部地区6省社会主义新农村建设和研究已取得明显成效。但从长远发展的角度，有必要进一步研究分析该地区在新时期进行社会主义新农村建设进程中，面临的新情况、新问题，研究新的对策，这对于促进我国中部地区农业农村现代化建设、构建社会主义和谐社会，早日实现“中部崛起”具有重大的理论和现实意义。

2 本课题研究的基本思路和方法及主要观点

总体上来说，中部地区最近几年在建设社会主义新农村方面已取得很大成效，探索出了一些有效模式和典型经验。但随着我国经济社会的不断向前发展，对中部地区社会主义新农村建设的要求越来越高，亟待研究新的对策和措施。基于这种新的发展目标和要求，本课题将以科学发展观为指导，以促进中部地区人口、资源、环境与经济、社会协调发展为目标，以调查研究和对比分析为方法，对新时期中部6省社会主义新农村建设面临的问题及对策进行深入分析和研究。

本课题将在调查研究的基础上，一是对中部地区江西、湖南、湖北、安徽、河南、山西6省建设社会主义新农村的现状进行实地典型调查，找出存在的关键问题，并积极寻求解决问题的方案和途径；二是建立一套新的科学评价指标体系，对6省社会主义新农村建设的模式、成效及技术体系等进行对比分析和评价，总结成功经验，推向全国类似地区；三是根据国家有关方针、政策和中部地区各省具体实际，提出今后10～20年中部6省社会主义新农村建设的方向、目标、任务和创新途径等，从而为实现“中部崛起”做出贡献。

3 预期价值：本课题理论创新程度或实际应用价值

在理论创新方面，本课题将从生态学、生态经济学的角度，进一步阐明中部地区6省建设社会主义新农村的理论依据、生态区位优势等，同时，提出一套新的评价社会主义新农村建设成效的科学的指标体系；在实际应用价值方面，一是对中部地区6省社会主义新农村建设现状和成效等进行对比分析和定量评价，以明确各自的优势和特色；二是针对中部地区各省在建设社会主义新农村过程中存在的关键问题，提出相应的对策和措施，为今后该地区各省新农村建设和现代化发展提供理论依据和参考模式。

4 预期研究成果及表现形式

本课题将于2007年5月至2008年5月完成。课题完成后，成果将以论文及著作形式出现，预期可发表论文3～5篇，出版研究著作1部。具体安排如下：①论文“中部地区社会主义新农村建设的理论分析”，2007年5～7月完成；②论文“中部地区社会主义新农村建设存在的主要问题及战略对策”，2007年8～10月完成；③论文“中部6省社会主义新农村建设的成效及评价”，2007年11～12月完成；④著作《论建设社会主义新农村》，2008年5月以前完成。

参考文献：

[1] 国务院办公厅．国务院办公厅关于落实中共中央国务院关于中部地区崛起若干意见有关政策措施的通知．2006-6-19

[2] 陈全国．在中部崛起的大局中推进新农村建设．求是杂志，2006(15)，第43～45页

[3] 王为农，张俊峰，蓝海涛等．我国欠发达地区低成本推动型新农村建设道路——以江西赣州市新农村建设调查为例．经济研究参考，2006(42)，第14～19页转45页

[4] 冷淑莲，冷崇总．江西新农村建设的成效、问题与对策．价格月刊．2006(7)，第6～11页

[5] 黄正泉．湖南社会主义新农村建设的发展战略模式研究．湖南行政学院学报．2006(5)，第32～33页

[6] 严官金，王润涛．破解“三农”难题　加快湖北省新农村建设．决策与信息，2006(2)，第15～18页

[7] 马成文．安徽农村全面小康社会的难点分析与对策建议．财贸研究，2006（1），第20～25页
[8] 徐光春．扎实推进河南社会主义新农村建设．宏观经济研究，2006（4），第3～6页
[9] 张宝华．新农村建设与山西“三农”问题探析．经济问题，2006（9），第49～51页

现代农业生态示范村

——江西新农村建设的探索*

摘　要：本文对“江西现代农业生态示范村建设”项目进行了总结和分析，旨在探索新世纪、新阶段江西社会主义新农村建设的模式和途径，对全国类似地区进行社会主义新农村建设具有一定的参考价值。

关键词：新农村建设；现代农业生态示范村；实践；探索；江西

《中共中央关于制定国民经济和社会发展第十一个五年规划的建议》中明确提出：“建设社会主义新农村”。温家宝总理在《关于制定国民经济和社会发展第十一个五年规划建议的说明》中，指出：“‘十一五’期间，解决‘三农’问题仍然是全党工作的重中之重。明确提出建设社会主义新农村的重大历史任务，这主要是考虑：一方面，实现全面建设小康目标的难点和关键在农村，建设社会主义新农村，体现了农村全面发展的要求，也是巩固和加强农业基础地位、全面建设小康社会的重大举措。另一方面，我国农村发展和改革已进入了新的阶段，必须按照统筹城乡发展的要求，贯彻工业反哺农业、城市支持农村的方针，加大各方面对农村发展的支持力度，这样才能较快改变农村的落后面

* 本文原载《学会》(2005 年增刊——2006 第五届海峡两岸科技与经济论坛论文集)，2006 年 1 月，第 253～255 页。

貌。”按照中央的战略部署，建设社会主义新农村的目标和要求是：生产发展、生活宽裕、乡风文明、村容整洁、管理民主。

根据党中央的指示精神，江西省积极开展建设社会主义新农村的实践和探索，并于2000年启动了“江西现代农业现代示范村建设”项目。为了使该项工作更快、更好地开展，更好地促进江西新农村建设，本文拟对“江西现代农业生态示范村建设”项目实施及实际效果等有关情况作一简要回顾和总结，旨在为新世纪、新阶段加快江西新农村建设提供参考。

1　立项背景与重要意义

2000年9月，江西省发展计划委员会（现江西省发展和改革委员会）启动了“江西现代农业生态示范村建设”项目，经专家评审，在全省选择了有代表性的8个自然村，即高安市南炉村、萍乡市略下村、分宜县大路边村、婺源县晓起村、东乡县红岭村、余江县倪桂村、浮梁县湘湖村和南昌市郊区扬子洲乡示范村，进行现代农业生态示范村建设。至今，示范村的建设已进行了五年多。当时，提出该项目的背景及意义在于：

1.1　项目背景

20世纪80～90年代以来，江西同全国及世界各地一样，面临着人口增长、资源短缺、生态破坏、环境污染和农业难以持续发展等多方面的问题，尤其是环境污染已导致严重的“食品安全”问题，如不及时采取有效措施，势必影响新世纪江西农业及经济的快速、持续和健康发展。本课题拟在省计委（现为省发展和改革委员会）“江西现代农业生态示范村建设”项目的基础上，采取项目建设与科学研究同时进行，并着重结合示范村项目的实施，研究其中的重要理论和实践问题。具体来说，通过本课题的研究，在理论上探讨江西现代农业生态示范村建设的方向、途径和模式，建立江西现代农业生态示范村建设的信息系统；在实践上，探索现代农业生态示范村建设的方法和技术体系，用以直接指导当前及今后江西现代农业生态示范村的建设和本项目的全面实施，以促进新世纪江西生态经济的可持续发展。

1.2 重要意义

具体来说，进行“江西现代农业生态示范村建设”项目的意义在于：一是调整和优化农业产业结构，以适应新形势的要求；二是改善和美化农村生态环境，早日建设新农村；三是提高广大农民的科技、文化和生态素质，培养新一代新型农民；四是促进农业增产增收，加快全面建设小康社会的步伐；五是加快农业现代化进程，应对“入世”挑战，实施可持续发展战略，为实现江西“在中部地区崛起”的发展战略做出贡献。

2 指导原则和研究、示范内容

2.1 指导原则

该项目建设，贯彻以下原则：一是资源开发、利用与保护相结合的原则；二是专业化、规模化与产业化相结合原则；三是单一化与多样化相结合原则；四是经济效益、社会效益与生态效益相结合原则。

2.2 研究与示范的主要内容

（1）研究内容。该项目的研究主要包括：①现代农业生态示范村建设的方向和途径研究；②生态示范村建设的综合评价指标体系；③示范村产业结构调整与主导产业的选择研究；④示范村绿色食品生产和无公害特色农业开发的理论、实践和关键技术；⑤示范村的生态环境治理与优化研究；⑥生态农业的类型、模式和效益分析；⑦生态旅游的现状及开发措施；⑧生态产业及其发展对策；⑨江西现代农业生态示范村建设信息系统的研制、开发与应用；⑩加入 WTO 对江西现代农业生态示范村建设的影响及江西生态经济发展应对策略。

（2）示范内容。一是村容、村貌的建设与示范；二是生态环境的治理与建设；三是优化生态模式的筛选与推广；四是主导产业的选择与培植；五是科技、文化的教育与生态素质的培训。

3 取得的效益

3.1 增产

根据作者粗略调查，开展“江西现代农业生态示范村建设”，使示范村作物单产平均提高了15%～20%。其主要原因在于：一是采用了新的优良作物品种；二是推广了高效、适用的农业生产技术；三是大力实施“废物再生利用”，将作物秸秆、畜禽粪便、生活垃圾等各种“废物”、“副产品”用作肥料，不仅提高了资源利用率，更主要的是培肥了土壤，促进了作物高产。

3.2 增收

一方面，由于广泛利用各种“废物”、“副产品”，有效地降低的农业生产成本；另一方面，由于全面推广各种新的农业高效生产技术，作物产量不断提高，作物品质不断改善，这就必然导致农业经济效益显著提高，农业增产、增收，农业收入不断提高。

3.3 优化产业结构

传统农村产业结构，就是单一的种植业结构，林、牧、副、渔业所占比重很轻。开展生态示范村建设之后，各地十分重视发展观光农业、休闲农业，建设生态农业科技示范园，发展“猪—沼—果（花、蔗、烟、菜、鱼等）”生态农业模式，同时，各地还大力发展农产品加工业，开展农村劳动力就地转移和消化，极大地优化了农村产业结构，提高了生产效率。

3.4 改善生态环境

生态示范村的建设，不仅改变了广大农村的村容、村貌，变“脏、乱、差”为“净（干净）、齐（整齐）、好”，而且还改善了农村道路和交通状况，农村信息化条件也有了根本改善，计算机“上网”已不再是“奢望”；由于各种“废弃物”得到有效利用和处理，农村的空气、土壤、水质状况已有明显改善和“好转”，真正实现了“空气清新，环境优美”。

3.5 主导产业初步得到培植

尽管不同生态村，农村产业结构不完全相同，但不管是哪一个生态村，都有其一个占优势的“主导产业”，通过不断扶持和培植，主导产业逐渐变大、变强，从而在市场经济大潮中立于不败之地。

3.6 农村干部群众科技文化水平得到显著提高

通过生态示范村项目建设和实践，加上教育和培训，以及不断推广先进的科学技术成果，生态村的广大干部和群众的科技文化素质得到明显提高，同时也带动了相邻或相关农村的干部、群众的科技文化素质的提升。

3.7 生态素质得到明显提升

同样，通过教育、培训和生产实践，示范村的广大干部和群众的生态素质也有显著提高，他们在建设“生态文明”中能起到带头和示范作用。

4 结束语

应该说，开展“江西现代农业生态示范村建设”，不仅对全省8个示范村的生态建设和经济发展起到了十分积极的作用，而且对加速全省农村现代化建设，尤其是加快社会主义新农村建设具有重要的理论和实践意义，对促进农村经济与生态协调发展起到了良好的示范作用。因此，可以认为“江西现代农业生态示范村建设”，实际上是江西社会主义新农村建设的有益尝试和探索，其意义十分深远和巨大。

但同时我们也应看到，江西现代农业生态示范村建设项目还存在诸多问题和不足，如建设规模还不够大，建设速度和进展还不快，主导产业和优势产业还不多、不新，生态效益、经济效益和社会效益总体上还不高，农村生态氛围还不十分浓厚，生产中推广的新技术和新成果还不多，且科技含量还不高，等等。

为此，应采取有效的对策和措施：一是要领导重视，对全省生态示范村建设要加强组织和领导；二是要重视广大农村干部和群众的培训，不断提升干部、群众的科技、文化素质，全面提升生态道德和生态素养；三是要以市场为导向，优化产业结构，促进农村产业换代、升级，全面提升农村产业的生态、经济和社会效益；四是加强农村生态建设，切实维护农村生态安全。

参考文献：

[1]《中共中央关于制定国民经济和社会发展第十一个五年规划的建议》(2005年10月11日中国共产党第十六届中央委员会第五次全体会议通过)．光明日报，2005-10-19。

[2] 温家宝．关于制定国民经济和社会发展第十一个五年规划建议的说明(2005年10月8日)．江西日报，2005-10-20

[3] 江西省统计局编．江西统计年鉴2005. 北京：中国统计出版社，2005

[4] 刘宜柏，王晓鸿，黄国勤．生态经济与生态江西．北京：中国农业出版社，2005

[5] 黄国勤著．江西农业．北京：新华出版社，2000

江西社会主义新农村建设的理论、模式与技术体系及其综合评价*

1 本课题国内外研究现状及选题意义和价值

自党的十六届五中全会以来，按照党中央、国务院的战略部署，全国各地都在积极进行社会主义新农村建设，一股学习新农村、研究新农村、建设新农村的热潮已在全国上下掀起。

从国际上来看，考察韩国自 1970 年 4 月开始的以“勤奋、自助、合作”为宗旨的乡村建设运动——韩国“新村运动”，可以发现，韩国通过以村为单位筛选实施项目、政府给予建材扶持、激励农民自助合作精神、发挥基层组织与村庄领导人作用，以及始终重视培训工作等综合配套政策措施，有效地改变了韩国农村地区的落后面貌，缩小了城乡差距，为韩国的经济起飞奠定了基础；欧盟在促进农业与农村发展过程中，采取了一系列政策和措施，如市场支持措施、政府公益服务措施、农业基础建设投资扶持政策、政府的直接补贴政策等；日本在促进农村经济发展、实现城乡居民收入均等方面采取了 3 项政策措施，即实行补助金农政、推行“农协＋农户”的基本经营体制、农户兼业化，等等。可以说，国外建设新农村、发展新农村的经验和做法是值得我们思考和借鉴的。

从国内来看，自党中央、国务院提出“建设社会主义新农

---

* 本文系作者申报江西省社会科学规划项目“江西社会主义新农村建设的理论、模式与技术体系及其综合评价”所撰写的课题申请书的主要内容，于 2006 年 8 月 18 日完成。

村”重大历史任务以来，无论是理论界、学术界，还是各级行政部门和生产单位，或是广大农民群众，无不积极投身到这一伟大事业中去。中国农学会于2006年4月21～24日在北京召开了“2006年中国农学会学术年会暨循环农业与新农村建设高层论坛”，对循环农业与社会主义新农村建设的理论、战略、政策、模式、技术体系，以及国内外的经验等进行了广泛交流和讨论；接着，于2006年6月17～20日在江苏省苏州市又举办了“社会主义新农村建设高层论坛”，来自全国各地的近200位领导、专家对各地推进新农村建设的实践进行了总结和分析，并探索出很多新的富有创造性的模式和做法。农业部已于2006年6月印发了《社会主义新农村建设示范行动实施方案》，标志着社会主义新农村建设示范行动开始进入组织实施阶段。各地在建设社会主义新农村的生产实践中，已创造了多种典型模式和技术体系，如贵州遵义创造了“五通三改三建”的模式和技术，即：通水、通路、通电、通电话、通广播电视，改灶、改厕、改善环境，建图书馆、建文体场所、建宣传栏；四川创造了“三清四改五通”、江苏创造了“六清六建”、河北创造了“三清三化”、辽宁创造了“六项整治、八项建设”、北京创造了“108项折子工程”，等等。

江西是我国中部地区经济欠发达的重要农业省份之一，农村人口多、农业比重大。如何把中央的大政方针与江西的实际紧密结合起来，走出一条欠发达地区建设社会主义新农村的路子，是全省上下必须面对并加以解决的一个重大现实课题。从2004年9月起，江西省在赣州市开展社会主义新农村建设试点，并已取得了显著成效，创立了经济欠发达地区以“五新一好”（发展新产业、形成新机制、建设新村镇、树立新风尚、培育新农民和创建好班子）为核心内容的社会主义新农村建设的典型模式——“赣州模式”，并已在江西全省各地以及南方乃至全国类似地区推广。

然而，在取得显著成效的同时，江西社会主义新农村建设仍然存在诸多不足，亟待加强和提高。如在新农村建设的理论方面，对新世纪、新阶段江西社会主义新农村建设的理论分析和战略研究仍感不足，对经济欠发达地区开展社会主义新农村建设的必要性、紧迫性、可行性和优越性等缺乏深入、系统的分析；与经济发达地区比较，江西社会主义新农村建设究竟存在哪些优劣势；如何进一步开展江西社会主义新农村建设的模式创新和技术集成；以及如何建立一套具有科学性、先进性、合理性、创新性和可操作性的评价指标体系，以便客观、公正地对江西不同地区、不同模式的社会主义新农村建设“成效”进行综合评价，等等。可以说，要进一步搞好江西社会主义新农村建设，确保取得预期成果和实际成效，就必须对江西社会主义新农村建设的理论和实践问题进行不断的和“超前性”的调查、分析和研究。

2 本课题研究的主要内容和重点难点

本课题拟重点研究以下 3 方面的内容：

（1）理论研究。联系江西实际，对社会主义新农村建设的原理原则、特征特性、发展理念等进行理论分析；以江西为例，比较分析经济发达地区与经济欠发达地区建设社会主义新农村的侧重点和异同点；从理论上提出新世纪新阶段江西社会主义新农村建设的理论、原则、发展战略、建设重点等。新农村建设的理论研究是本课题的重点之一。

（2）模式与技术体系。一是对江西社会主义新农村建设的现有典型模式及其配套技术体系进行分类和筛选，分析其科学性和合理性，同时找出其“弱点”和不足之处并加以改进和提高；二是依据社会主义新农村建设的基本原理和方法，根据江西各地不同的自然条件和社会经济特点，设计出新的、更加科学合理和效益更高的、具有推广应用价值的新农村建设的模式与技术体系，这既是本课题的研究重点，也是课题研究的难点之处。

（3）综合评价。按照“生产发展、生活宽裕、乡风文明、村容整洁、管理民主”的“20 字方针”的要求，设计出一套科学、客观、公正、合理的综合评价指标体系（CEI）；应用 CEI 对江西典型地区、典型农村（村庄）社会主义新农村建设进行综合评价，并以评价结果指导生产实践。这是本课题的难点之一，这一成果对江西社会主义新农村建设实践具有重要指导意义。

3　本课题的主要观点和创新之处

（1）意义重大。江西是我国中部地区经济欠发达的重要农业省份之一。开展江西社会主义新农村建设，对于促进江西经济快速发展、缩小城乡差距，早日实现现代化具有重要的理论和实践意义。江西必须抓住这一“战略机遇”，实现跨越发展。

（2）基础良好。江西开展社会主义新农村建设起步较早（2004 年 9 月起在赣州市试点），基础较好，且已取得明显成效，创立了“赣州模式”，可以说，江西在全国社会主义新农村建设中已经处于“领先地位”。但也不容否定，江西社会主义新农村建设仍然存在不少问题，亟须加强研究，不断完善和提高。

（3）突出创新之处。本课题从理论研究、模式与技术体系、综合评价 3 个方面对江西社会主义新农村建设进行研究，具有 3 个特点：一是理论与实践相结合。即不仅从理论上分析江西社会主义新农村建设的原理原则、特征特性、发展理念、发展战略、建设重点等，而且从实际上，紧扣江西实际和生产实践，尤其是对江西社会主义新农村建设的模式与技术体系进行调查和分析，研究成果具有“实效性”，二是定性与定量相结合。江西社会主义新农村建设的理论、模式与技术体系等研究多属定性分析，而综合评价则是定量分析，本课题研究将定性分析与定量分析结合起来，将使研究成果更加公正、客观，研究成果更具有“说服力”和“实效性”；三是系统性和针对性。首先，课题围绕江西社会主义新农村建设展开全方位、多层次、多角度、多视野的探讨，从理论到实践，从模式到技术，从定性到定量，课题研究具有系统、全面、深入的特点；其次，课题始终以江西社会主义新农村建设为研究对象和研究核心，针对性极强，研究成果将对新世纪新阶段江西社会主义新农村建设具有很强的指导作用。

4 基本思路和方法

（1）基本思路。本课题将在查阅国内外大量文献资料的基础上，借鉴发达国家和发达地区的研究资料、研究手段和研究经验，对江西社会主义新农村建设进行理论分析，比较经济欠发达地区与经济发达地区新农村建设的侧重点和异同点；选择江西典型地区和典型乡村，进行实地调查分析，获取第一手资料；对典型地区、典型乡村的新农村建设模式与技术体系进行总结提炼，并运用“综合评价指标体系”（CEI）对其进行综合评价，并将研究成果用于指导生产实践。

（2）研究方法。一是查阅资料，通过网络（国际互联网）、报纸、期刊、图书资料等搜集课题有关资料；二是实地调查，拟选择江西有代表性的市、县、乡、村进行新农村建设的实地调查，对其模式、措施、技术、成效等进行深入、细致的调研，获取第一手资料；三是提出评价指标体系，根据“20字方针”的要求，结合实地调查的结果，提出至少由20～30个指标组成的具有科学性、先进性、合理性、创新性和代表性的新农村建设综合评价指标体系；四是综合评价，即根据上述提出的综合评价指标体系，运用“模糊综合评判法”或“灰色关联度分析法”等应用数学方法，对江西社会主义新农村建设的典型模式与技术体系进行综合评价，研究成果将具有“客观性”和“实效性”。

5 预期研究成果

本课题拟于2006年8月至2007年12月完成。课题完成后，研究成果将以论文和综合报告形式出现。预期可发表的主要论文有：①论文“江西社会主义新农村建设的理论分析”，2006年8～12月完成；②论文“江西社会主义新农村建设的模式与技术体系的调查研究”，2007 年 1～5 月完成；③论文“社会主义新农村建设模式的综合评价指标体系”，2007 年 5～8 月完成；④论文“江西社会主义新农村建设模式的综合评价”，2007 年 8～10 月完成。课题综合研究报告《江西社会主义新农村建设研究综合报告》将于 2007 年 10～12 月完成。

参考文献：

[1] 江泽民. 高度重视农业、农村、农民问题.《江泽民文选》第一卷. 第 257～277 页，北京：人民出版社，2006

[2] 卢良恕. 现代农业发展与社会主义新农村建设. 中国农学通报. 2006，22（2006 年中国农学会学术年会论文集）：1～3

[3] 陆学艺. 当前农村形势和社会主义新农村建设. 江西社会科学，2006（4）：7～21

[4] 孟建柱. 努力探索江西欠发达地区新农村建设之路. 中国金融网（http：//www.zgjrw.com），2006-07-13

江西社会主义新农村建设探讨*

摘　要：建设江西社会主义新农村，具有六个方面的意义，即：促进经济发展、缩小城乡差距、改善生态环境、建设小康社会、提升农民素质和构建和谐社会。

当前，江西农村存在以下十个方面的问题：经济贫困、环境污染、交通不便、信息闭塞、结构不优、资源浪费、医疗条件差、生活无保障、农民素质低，以及社会风气差，对农村社会稳定不利。

今后10~15年，江西社会主义新农村建设的目标是“五新一好”：发展新产业、形成新机制、建设新村镇、树立新风尚、培育新农民，以及创建好班子。

开展江西社会主义新农村建设，应遵循以下几个原则：一是立足当前，着眼未来；二是统筹规划，稳步推进；三是因地制宜，区别对待；四是依靠群众，惠及百姓；五是三大效益，同时并举；六是讲究科学，突出特色；七是多予、少取、放活；八是以工促农，以城带乡。

开展江西社会主义新农村建设的主要内容与具体措施是：搞好村镇规划、优化产业结构、实行综合治理、增加物质投入、发展循环经济、加强教育培训、提升科技水平、完善保障制度、推进民主管理、建立健全法律法规。

* 本文原载《中国农学通报》2006年第22卷《2006年中国农学会学术年会论文集：循环农业与新农村建设》（专集）第150～154页。

进行江西社会主义新农村建设，应注意三个方面的问题：一是相互配套；二是长期坚持；三是分步实施，循序渐进。

关键词：社会主义新农村；建设；科学发展观；循环经济；资源节约；环境友好；江西

党的十六届五中全会指出，建设社会主义新农村是我国现代化进程中的重大历史任务，是新时期做好“三农”工作的行动纲领。《中共中央关于制定国民经济和社会发展第十一个五年规划的建议》中明确提出“建设社会主义新农村”，并指出，“十一五”期间，解决“三农”问题仍然是全党工作的重中之重。这充分说明，建设社会主义新农村是我国当前及今后的重大任务。

江西是我国中部地区经济欠发达的农业大省。新中国成立以来，江西农村得到了长足发展，取得了巨大成就。但在新世纪、新的历史条件下，与全国发达地区或全国平均水平相比，还有很大差距，离党中央提出的“社会主义新农村建设”的要求和标准相差甚远。这就要求我们在认真学习和领会党中央有关社会主义新农村建设的一系列指示精神的基础上，加快建设江西社会主义新农村的步伐，争取早日实现农业与农村现代化。本文拟对新时期江西社会主义新农村建设的若干问题进行简要分析和初步探讨，以期为有关部门提供决策参考。

1　意义

建设江西社会主义新农村，不仅具有重要的理论意义，更具有重要的现实意义。

1.1　促进经济发展

江西是个传统的农业大省，至今仍有 64.4%的人口居住在农村，比全国（58.2%）高出 6.2 个百分点，赣州市农业人口更是高达80.2%。建设社会主义新农村，就是要启动江西农村这一庞大市场，这是扩大农村内需、发展江西经济的有效途径之一。

1.2 缩小城乡差距

按照党中央提出的“科学发展观”的要求，必须统筹城乡发展，缩小城乡差距，实现城乡共同富裕。进行江西社会主义新农村建设，就是早日缩小江西城乡差距、达到共同富裕的重要举措。

1.3 改善生态环境

开展江西社会主义新农村建设，不仅要求农村的物质文明和精神文明登上新台阶，同时更要求江西广大农村的生态文明有新的发展，通过治理农村污染，建设清洁卫生、环境优美的新农村。

1.4 建设小康社会

实现全面建设小康社会的宏伟目标，最繁重、最艰巨的任务在农村。近年来，江西正在大力实施“在中部地区崛起”的发展战略，全面推进小康社会建设。正如中共江西省委、江西省人民政府《关于推进社会主义新农村建设的实施意见》中指出的，“实现江西在中部地区崛起、全面建设小康社会，重点在农村，难点在农村，关键在农村”。显然，加速江西社会主义新农村建设，对于江西建设小康社会具有十分积极的推动作用。

1.5 提升农民素质

农民是农村的主体。农民的科技、文化素质提高，则有利于农民增加收入、农村经济发展和新农村建设。可以说，不断提升广大农民的素质，既是建设新农村的重要意义所在，也是建设新农村的重要内容和重要手段。

1.6 构建和谐社会

建设社会主义新农村，是构建社会主义和谐社会的必然要求。农业是国民经济的基础，农村是整个社会的组成部分，只有农业发展、农村富裕，整个社会才能安宁和稳定。相反，没有农业的发展，以及农村的稳定与全面进步，就不可能有整个社会的稳定和全面进步，更谈不上和谐发展。从这个意义上来说，我们必须高度重视和加速建设社会主义新农村，才能有利于整个社会主义社会的和谐发展。

2 问题

当前，江西广大农村不同程度地存在以下十个方面的问题，这一方面对建设江西社会主义新农村带来了困难、增加了难度；另一方面又从反面告诉我们，必须加快建设江西社会主义新农村的步伐，使其早日惠及广大农村和全体农民。

2.1 经济贫困

从总体上来说，江西属中部经济欠发达地区，人均收入低于全国平均水平，更低于经济发达省份；从广大农村来说，农民的收入就更低；从存在的贫困人口数来看，江西目前尚有84.6万贫困人口（2003年）。

2.2 环境污染

据作者近期对江西农村生态环境状况的调查，江西大部分农村存在“脏、乱、差”现象。人畜粪便、生活垃圾没有得到应有的保存和利用，污染了环境；新房子建了很多，但“有新房，无新貌”，村容、村貌给人的感觉是“乱”；生活环境、生活质量差，尤其是炎热的夏天，苍蝇、蚊子满村都是、满天乱飞，极易传播疾病，特别是传播一些传染病，严重影响了人居环境的改善和农民生活质量的提高。

2.3 交通不便

江西大部分农村至今还没有通公路，到了下雨天，简直是“有脚无路走”。交通的不便，不仅影响了人们的日常生活，更影响农村经济的快速发展。

2.4 信息闭塞

尽管现代化的通讯设施、通讯手段在城市司空见惯，但在江西农村却“少得可怜”。现在，江西已存在严重的“城乡数字鸿沟”。据《南方周末》2005 年 9 月 29 日报道：“据文化部最新统计，全国有 700 多个县级图书馆没有 1 分钱的购书费，占总数的 1/4”。江西现有 99 个县（市）中，至少有 2/3 的县、市图书馆基本没有购书经费，图书馆已基本上起不到应有的作用；全省 90%以上的乡（镇）没有图书馆或图书室，或虽有，但基本没有起到作用。

2.5 结构不优

江西广大农村的产业结构绝大多数仍然是传统的“以农为主”类型，或是单一的“粮—猪”型结构，农村加工业和多种经营还比较落后，这是导致江西农业资源浪费和农业经济效益不高的重要原因。

2.6 资源浪费

近些年来，江西农村资源浪费现象非常突出：一是耕地休闲、撂荒，浪费了十分宝贵而又有限的耕地资源；二是房屋“空心”，有房无人住，出现大量“空心房”、“空心村”；三是人畜粪便、生活垃圾随地乱放、随处乱扔，不仅浪费了资源，更严重的是导致农村环境污染越来越突出；四是因为乡村工业不发达，很多农副产品因得不到合理利用而浪费了，既浪费了资源，又污染了环境，等等。

2.7 医疗条件差

现在农民最怕的是怕生病，生不起病，“看病难、看病贵、看不起病”的现象在江西广大农村极为普遍，广大农村普遍存在“缺医少药”、“无钱看病”的现象，这种状况必须尽快改变。

2.8 生活无保障

主要是农村生活保障体系尚未建立，农民不仅怕“病”，更怕“老”，老了就无依无靠，生活没有保障。

2.9 农民素质低

江西广大农民整体素质不高，还存在大量文盲、半文盲，尤其是偏远山区农村，教育落后，农民子弟无钱读书的现象依然存在，这种状况不改变，就不可能从根本上提高农民素质，也不可能从根本上改善农村面貌，更谈不上搞好社会主义新农村建设。

2.10 社会风气差，对农村社会稳定不利

一是现在江西很多农村存在玩牌、搓麻将、赌博等不良风气已经“成风”，不仅影响农业生产，更容易造成不团结，更严重的是“玩出纠纷”，引发社会的不稳定；二是因争田、争地、争水闹出矛盾和纠纷并不少见；三是还有很多农村盛行封建宗族观念，“拉山头”、“拉帮结派”，既不利于发展生产、发展经济，更不利于营造团结、向上的良好社会氛围；四是多数农村，封建迷信抬头，轻则造成农民不安心农业生产，重则危及社会稳定，这些均与构建社会主义和谐社会格格不入。

3 目标

建设社会主义新农村总的目标是：生产发展、生活宽裕、乡风文明、村容整洁、管理民主。其中，生产发展、生活宽裕主要是指物质层面上的目标和要求；乡风文明、村容整洁是指精神文明方面的目标和要求；管理民主则属于政治文明的范畴。

按照江西省委、省政府提出的目标要求，江西要通过10～15年的不懈努力，使全省广大农村逐步达到“五新一好”的目标。这就是：

3.1 发展新产业

要求全省农业现代化水平明显提高，农民收入持续增长，实现生活宽裕。

3.2 形成新机制

即以农业产业化龙头企业、产业协会等为主体的农村合作经济组织充分发展，合作经济组织覆盖农户明显增加，农民组织化程度逐步提高，乡镇政府职能得到切实转变。

3.3 建设新村镇

将村镇建设纳入规划管理，农村生产生活设施和公共服务更加完善，村容镇貌显著改观。

3.4 树立新风尚

加强农村民主政治建设和精神文明建设，加快社会事业发展，形成健康文明新风尚，促进社会和谐稳定。

3.5 培育新农民

农村人力资源得到有效开发，农民整体素质不断提高，逐步成为守法纪、有文化、懂技术、会经营的新型农民。

3.6 创建好班子

农村基层组织建设进一步加强，党组织的凝聚力、战斗力、创造力明显提高，基层政权真正做到科学执政、民主执政、依法执政，村党组织领导的充满活力的村民主自治机制更加健全，基层干部真正成为农民群众的贴心人、组织农民创造幸福生活的带头人。

4 指导原则

开展江西社会主义新农村建设，应遵循以下几个原则：

4.1 立足当前，着眼未来

既要从当前广大农民最关心、最迫切需要解决的问题入手，更要从长远考虑，扎扎实实开展各项工作，使农民既能“尝到”眼前的“甜头”，更能看到长远的希望。

4.2 统筹规划，稳步推进

要在高起点、高标准搞好规划的基础上，稳步推进新农村建设的各项工作，做到先易后难，做一件是一件，一步一个脚印前进。

4.3 因地制宜，区别对待

江西现有（2004 年）小城镇 1 647 个，其中建制镇 771 个（含 68 个县城关镇），集镇 876 个，村庄 18.24 万个，其中村委会 16 503 个。各地自然条件、社会经济条件不尽相同，有的属于平原地区，有的属于山区，有的可能在湖区、库区。这就要求我们在进行江西社会主义新农村建设时，必须针对各地的具体情况，分别采取不同的措施，真正做到因地制宜，区别对待，绝不可搞“一刀切”。

4.4　依靠群众，惠及百姓

首先，开展社会主义新农村建设，必须紧紧依靠广大人民群众，这是事业成功的关键；其次，社会主义新农村建设的最终目的是造福千家万户、造福广大农民。只有依靠群众，并惠及广大百姓，这一宏伟的事业才能取得成功。

4.5　三大效益，同时并举

江西社会主义新农村建设，就是要全面提升广大农村的综合效益，实现经济效益、社会效益和生态效益即“三大效益”的协调发展、同步增长。提升农村经济效益，就是要大力发展生产，提高农村各种产业的经济效益；提升社会效益，就是要构建和谐社会，使广大农村社会稳定、秩序井然；提升生态效益，就是要改善农村生态环境，使广大农村不仅生产发展、生活宽裕，而且生态优美、环境舒适。

4.6　讲究科学，突出特色

坚持按农村经济社会发展规律办事，注重体现农村特点，传承地方优秀历史文化，实现人与自然和谐相处，不能只搞一个模式，要防止出现“千村一面”、脱离农村实际的做法。开展江西社会主义新农村建设，就是要体现江西广大农村各具特色的“红色”资源特色、“绿色”资源特色和“古色”资源特色。

4.7　多予、少取、放活

按照中央的要求，各级政府在进行江西社会主义新农村建设时，要切实做到：一是“多予”，给农村多一些投入和支持；二是“少取”，尽量少从农村“索取”，该免的税要全免了，该不收的钱就要坚决不收；三是“放活”，政策上要宽松，多给广大农民一些“自主权”，充分发挥他们的聪明才智，让他们在当前的社会主义新农村建设事业中大显身手。

4.8 以工促农，以城带乡

我国已进入了“工业反哺农业，城市支持农村”的新的历史发展阶段。江西各级政府、各级部门在进行社会主义新农村建设的伟大事业中，要按照中央的要求，“以工促农，以城带乡”，促进城乡协调发展、共同发展。

5 主要内容与具体措施

5.1 搞好村镇规划

要搞好江西社会主义新农村建设，首先必须搞好农村规划，要做到“规划先行”。编制江西村镇规划，一要科学，即要按科学规律办事；二要客观，要根据各地的自然和社会经济条件，符合客观条件，切合农村实际；三是高起点，要站在发展的角度，统筹规划未来10年、20年或更长时间的发展“蓝图”和发展前景，要充分体现以科学发展观为指导的原则；四是全面铺开，即要求江西每个村或镇都应有自己的规划，这是科学发展的前提，不可“省略”。

5.2 优化产业结构

按照省委、省政府提出的“希望在山、潜力在水、重点在田、后劲在畜、出路在工”的农业发展方针，一是要在保护生态和节约资源的前提下，加大农业资源的综合开发力度，把“山”的资源潜力逐步挖掘出来，如充分利用荒山、荒坡，大力发展工业原料林、毛竹、油茶等，真正使江西的山成为“希望之山”；二是加大对湖泊、河流、水库、池塘、易涝农田、宜渔稻田等各种“水”资源的开发，大兴江西特色养殖，真正把江西水资源的潜力发挥出来；三是进一步提高农田综合生产能力，通过提高土壤肥力、改革耕作制度、推广优良品种，以及调整作物结构、改进耕作栽培技术、推广保护性耕作等各种措施，切实提高产量、改善品质，为确保粮食安全、食物安全提供保障；四是大力发展畜牧业，优化畜禽品种结构，实行多样化养殖，推广生态养殖技术，提升规模养殖的质量、水平和效益，增强江西畜牧业发展的“后劲”；五是高度重视农村工业的发展，这是促进江西农民增收、解决农村剩余劳动力就业的“出路”和重要途径之一。

5.3 实行综合治理

总体看来，江西农村存在的问题很多，必须综合治理。一是要实行山、水、林、田、路综合治理，要求将绿化荒山、利用荒水、植树造林、改造农田、整修路面全面考虑，综合推进。二是要将改房、改栏、改水、改厕、改路、改善生态环境等综合考虑，同步进行，即：改房，要逐步拆除“空心房”、消除“空心村”，建造“新式房”——经济实用、安全美观；改栏，实现人畜分离；改水，使农民逐步饮用上卫生安全的自来水；改厕，将厕所建造与沼气池利用结合起来，既卫生又经济；改路，道路硬化，改善交通条件；改善生态环境，就是要将绿化、美化、净化与发展生产结合起来，做到林果成荫、环境优美、生活舒适。三是综合清理生活垃圾、河塘淤泥和道路障碍，做到空气清新、水体透明、道路通畅；四是要将普及沼气、普及有线电视、普及电话和普及利用太阳能结合起来，这将大大改善农村生产、生活环境，从而达到“新农村”的要求。

5.4 增加物质投入

建设江西社会主义新农村，必须要有足够的物质投入，否则，只能是一句空话。增加物质投入，就是要在建设江西社会主义新农村中大力增加人力、物力和财力的投入，其中最主要的是增加资金的投入。首先，要千方百计争取国家对江西新农村建设的资金投入；其次，各级政府和部门要增加资金投入，江西省已计划 2006 年增加社会主义新农村建设专项资金 1 亿元；最后，要建立多元化的资金投入机制，尽可能地吸纳社会、企业和个人对建设江西社会主义新农村建设的资金投入。

5.5 发展循环经济

一是普及“循环经济”的理念，要使广大农民真正懂得发展循环经济的重要性，以及建设环境友好型、资源节约型社会的必要性和紧迫性；二是要大力推广清洁生产技术，推广“节肥减药”技术；三是推广资源再生、“废物”循环再利用技术，真正做到“变废为宝、变废为肥”，“变废为粮、变废为钱”；四是大力开展植树造林活动，实现江西广大农村绿化、美化、净化和“亮化”的和谐统一，建设“生态农村”、“和谐农村”。

5.6 加强教育培训

一是普及农村义务教育；二是加强县文化馆、图书馆和乡镇文化站、村文化室等公共文化设施建设；三是举办各种培训班、轮训班，提高农村科技文化素质；四是培养农村“科技能手”或“科技带头人”，促进农村科技水平不断跟上时代发展的步伐；五是继续实施“科技入户工程”；六是积极倡导乡风文明，等等。

5.7 提升科技水平

要重视提高现代科学技术水平，重视农业科技的投入，重视农村科技成果的研究、推广和应用，进一步增强自主创新能力。要不断提高优良品种覆盖率、先进技术的到位率、科技成果的转化率，使江西广大农村整体科技水平有一个大的提高。

5.8 完善保障制度

逐步建立农村社会保障制度，这是社会主义新农村建设的重要任务之一。一是江西各级政府应逐步加大对农村社会保障制度建设的投入，加强农村敬老院建设，基本实现农村“五保”对象集中供养；二是扎实做好农村特困户的救助工作，积极探索和完善农村养老保障制度；三是要尽快建立比较完善的农村最低生活保障制度。

5.9 推进民主管理

一是充分发挥基层党组织的战斗堡垒作用；二是依据广大农

民力量积极推进江西社会主义新农村建设，做到“规范程序、透明办事”，让农民群众拥有知情权、参与权、管理权和监督权，让农民群众成为江西社会主义新农村建设的主体。

5.10 建立健全法律法规

“市场经济就是法制经济”。为保障江西社会主义新农村建设的顺利进行，必须高度重视建立和健全各种法律、法规和相关制度。只有这样，才能保障江西社会主义新农村建设取得实效和预期成果。

6 应注意的问题

6.1 相互配套

社会主义新农村建设是一项宏大而复杂的系统工程，绝不能单纯地某一部门、某一方面“就建设而谈建设”、“就建设而搞建设”，而要多个部门、多个方面通力合作，多种措施、多种方法相互配套，这样才能取得预期成果和效益。

6.2 长期坚持

社会主义新农村建设是一项长期奋斗的历史任务，绝不能急于求成，而应扎扎实实、稳步推进，长期坚持，必能成功。

6.3 分步实施，循序渐进

开展社会主义新农村建设，绝不能“一窝蜂”、“一刀切”，绝不是搞“农村运动”，而应根据各地具体条件，有计划、有步骤、有重点地分区、分片、分时段逐步推进，尤其是可以先搞些样板、搞些典型，总结经验，稳步前进。

参考文献：

[1] 杜青林．大力发展现代农业　扎实推进社会主义新农村建设．中华人民共和国农业部公报．2005-12-28

[2] 汪光涛．认真研究社会主义新农村建设问题．城市规划学刊，2005(4)：1～3

[3]《江西日报》社论．推进社会主义新农村建设．江西日报，2006-01-21

[4] 江西省统计局．江西社会主义新农村建设的成效、难点与对策．中国统计信息网，2006-02-08

[5] 黄国勤主编．耕作制度与“三农”问题．北京：中国农业出版社，2005

[6] 蒋海燕，黄国勤．江西“三农”问题及其对策．江西农业大学学报（社会科学版）．2005，4（4）：26～29

[7] 黄国勤．现代农业生态示范村——江西新农村建设的探索．学会（2006第五届海峡两岸科技与经济论坛论文集），2005（增刊）：253～255

江西新农村建设面临的十大问题*

当前，江西广大农村不同程度地存在以下十个方面的问题：

1 经济贫困

从总体上来说，江西属中部经济欠发达地区，人均收入低于全国平均水平，更低于经济发达省份；从广大农村来说，农民的收入就更低；从存在的贫困人口数来看，江西目前尚有 90 万绝对贫困人口（2005 年）。

2 环境污染

据作者近期对江西农村生态环境状况的调查，江西大部分农村存在“脏、乱、差”现象。人畜粪便、生活垃圾没有得到应有的保存和利用，污染了环境；新房子建了很多，但“有新房，无新貌”，村容、村貌给人的感觉是“乱”；生活环境、生活质量差，尤其是炎热的夏天，苍蝇、蚊子满村都是、满天乱飞，极易传播疾病，特别是传播一些传染病，严重影响了人居环境的改善和农民生活质量的提高。

3 交通不便

近年来江西交通建设发展很快，但仅有 46%的行政村通了油路或水泥路，部分偏远农村、自然村至今还没有通公路，一到

---

* 本文原载《专报》（江西省社会科学院、江西省社会科学界联合会主办）2006 年第 28 期第 4～5 页。

下雨天，简直是“有脚无路走”。交通的不便，不仅影响了人们的日常生活，更影响农村经济的快速发展。

4 信息闭塞

尽管现代化的通讯设施、通讯手段在城市司空见惯，但在江西农村却“少得可怜”。现在，江西已存在严重的“城乡数字鸿沟”。据《南方周末》2005 年 9 月 29 日报道：“据文化部最新统计，全国有 700 多个县级图书馆没有 1 分钱的购书费，占总数的 1/4”。江西现有 99 个县（市）中，至少有 2/3 的县、市图书馆基本没有购书经费，图书馆已基本上起不到应有的作用；全省 90%以上的乡（镇）没有图书馆或图书室，或虽有，但基本没有起到作用。

5 结构不优

近年来我省农业产业结构调整取得了很大成绩，但仍有很大一部分的产业结构是传统的“以农为主”类型，或是单一的“粮—猪”型结构，农村加工业和多种经营还比较落后，这是导致江西农业资源浪费和农业经济效益不高的重要原因。

6 资源浪费

近些年来，江西农村资源浪费现象非常突出：一是耕地休闲、撂荒，浪费了十分宝贵而又有限的耕地资源；二是房屋“空心”，有房无人住，出现大量“空心房”、“空心村”；三是人畜粪便、生活垃圾随地乱放、随处乱扔，不仅浪费了资源，更严重的是导致农村环境污染越来越突出；四是因为乡村工业不发达，很多农副产品因得不到合理利用而浪费了，既浪费了资源，又污染了环境，等等。

7 医疗条件差

现在农民最怕的是怕生病，生不起病，“看病难、看病贵、看不起病”的现象在江西广大农村极为普遍，广大农村普遍存在“缺医少药”、“无钱看病”的现象，这种状况必须尽快改变。

8 教育条件差

主要是教育设施落后、短缺，师资力量不足，严重影响了农村地区的教育质量。导致江西广大农民整体素质不高，存在大量文盲、半文盲，尤其是偏远山区农村，教育落后，农民子弟无钱读书的现象依然存在，这种状况不改变，就不可能从根本上提高农民素质，也不可能从根本上改善农村面貌，更谈不上搞好社会主义新农村建设。

9 生活无保障

主要是农村生活保障体系尚未建立，农民不仅怕“病”，更怕“老”，老了就无依无靠，生活没有保障。

10 社会风气差，对农村社会稳定不利

一是现在江西很多农村存在玩牌、搓麻将、赌博等不良风气已经“成风”，不仅影响农业生产，更容易造成不团结，更严重的是“玩出纠纷”，引发社会的不稳定；二是因争田、争地、争水闹出矛盾和纠纷并不少见；三是还有很多农村盛行封建宗族观念，“拉山头”、“拉帮结派”，既不利于发展生产、发展经济，更不利于营造团结、向上的良好社会氛围；四是多数农村，封建迷信抬头，轻则造成农民不安心农业生产，重则危及社会稳定，这些均与构建社会主义和谐社会格格不入。

江西农村干部存在的十大问题*

搞好社会主义新农村建设，农村干部是至关重要的因素。可以说，农村干部在社会主义新农村建设的伟大事业中起着十分重要的作用，充分发挥农村干部在新农村建设中的作用是理所当然的和十分必要的。

然而，根据调查，当前江西农村有少部分甚至相当部分农村干部，在一定程度上或多或少地存在以下十个方面的问题，对建设江西社会主义新农村极为不利。

1 水平不高

应该说，近些年来农村基层干部（主要指乡、村干部）的水平在不断提高，但从总体上来说，农村基层干部的现有水平是不高的，多数学历层次较低，有的是初中毕业，有的是高中毕业，真正有大学文凭的不多；有的即使有大学文凭，但由于缺乏“基层工作经验”，实际工作水平和工作能力并不理想。

2 品质不优

自改革开放以来，尤其是实行社会主义市场经济以来，多数农村干部能做到“急农民之所急，想农民之所想”，为民办事、为民造福。但也有极少数农村干部，道德品质败坏，扰民、害民，为了个人利益，不惜牺牲广大农民的利益，“说假话、办坏

* 本文原载《专报》（江西省社会科学院、江西省社会科学界联合会主办）2006年第43期第4～5页。

事”；有的为了突出个人“政绩”，大搞“形象工程”，劳民伤财。广大农民对此看在眼里，记在心里。

3　作风不实

极少数地方的极少数农村基层干部，作风浮夸，工作不踏实，一味迎合上级领导，做表面文章，农民对此十分反感。

4　方法不妥

现在有的农村基层干部面对纷繁复杂的农村工作和农民问题，缺乏必要的思想政治工作经验和农村工作方法，不懂得如何去组织农民、团结农民、带领农民致富，也缺乏农村工作锤炼，喜欢用强制性的行政命令方法简单从事，很易引发农民的对立情绪，如果处理不当，有可能使矛盾激化，影响农村的稳定局面。

5　点子不多

面对快速发展的国际、国内形势，广大农民致富的愿望迫切，而农村干部由于水平低，缺乏学习、不善于学习，因而难以提出让广大农民“认可”、“接受”的致富途径、致富技术和致富方法，致富“点子”不多。

6　管理不善

由于作风不实、方法不妥，必然产生管理不善的问题，并由此引发各种问题和事件。据研究自 20 世纪 90 年代中期以来，影响我国农村稳定的主要表现已由过去发生在农民与农民之间的群体性事件（械斗），过渡为主要针对基层政府和组织的群体性事件。自 1980 年初家庭承包经营责任制实施后，农村的群体性械斗出现较大幅度的增长，至 90 年代初达到高峰，然而，自 1990 年中期始，在群体性械斗事件急剧下降的同时，另一种群体性事件却出现上升，即针对基层政府和基层干部的群体性事件日益增多。

7 创新不够

总体上来说，农村基层干部的创新意识不强，往往是“上面”怎么说，“下面”就跟着“怎么说”，而不是想方设法考虑“怎么做”，更不会为农民“出”一些创新性的“点子”和“致富路子”。创新意识不强、创新能力不足，对建设社会主义新农村极为不利。

8 科技意识不强

开展社会主义新农村建设，有相当部分农村基层干部简单地认为这是争取上级部门资金的极好机会，因而绞尽脑汁、想尽一切办法“跑项目、跑资金”。相反，真正思考科技，思考通过最新科学技术成果的推广应用实现农村富裕、推进社会主义新农村建设，这样的农村基层干部实在是太少、太少了。

9 干群关系不紧

由于农村基层干部工作方法简单粗暴，在一定程度上破坏了干群关系、党群关系，给农村社会的稳定带来了一定的困难，产生了诸多消极影响。这一点必须引起有关领导和部门的高度重视。

10 带头作用不显

现在有的农村基层干部在新农村建设中带头作用不明显，甚至有的干部不是“带好头”，而是“带坏头”，想利用社会主义新农村建设这一“时机”，为自己和亲人“捞一把”，尤其是在修路、做房和“新村”建设等方面承包工程，以权谋私，损害集体和广大农民的利益。应采取有关措施予以制止。

江西社会主义新农村建设的十大进展与成效*

自党的十六届五中全会提出建设社会主义新农村的重大战略任务以来，江西省各级领导和部门同全国各地一样，积极投身到这一伟大事业中去。经过近一、二年全省上下的共同努力和积极工作，已取得了以下十个方面明显进展和成效。

1 创建新模式

赣州市（简称赣南）是我国南方典型的丘陵山区，赣州人民在进行社会主义新农村建设进程中，创造性地提出了以“五新一好”（发展新产业、形成新机制、建设新村镇、树立新风尚、培育新农民和创建好班子）为核心内容的“赣南模式”。目前，这一模式已在全国尤其是南方丘陵山区广泛推广。

同时，吉安市人民在建设社会主义新农村中，也创造了以规划为基础，以“五通一气”（通路、通水、通电、通电话、通有线电视和发展沼气）为重点，以“三清三改”（清垃圾、清污沟、清路障，改水、改厕、改路）为配套的“吉安模式”，已在江西及全国类似地区推广。

2 培训新农民

农民是社会主义新农村建设的主体，农民素质的高低在一定程度上决定了社会主义新农村建设的成败和成效。目前，我国广

---

* 本文于2006年7月31日完成。

大农村农民素质总体还是比较低的。据《光明日报》2006年6月15日第8版报道，我国现有8亿多农民平均受教育不足7年，4.9亿农村劳动力中，高中及以上文化程度只占13%，初中占49%，小学及以下占38%。江西是我国中部地区经济欠发达的农业省份之一，农民素质较全国平均水平仍有一定差距。从这一意义上来说，江西在社会主义新农村建设中，培训新农民，大幅度提升广大农民的素质就显得更为需要和迫切。

根据作者调查，江西在近一、二年的社会主义新农村建设中，对农民的培训还是抓得很紧的，且已取得了一定的成效。如吉安近几年共举办各类农民培训班1 088期，其中培训沼气技工600人，防疫技术人员820人，种养业人员2 283人，培训贫困劳动力13 000人次，通过培训推荐就业人员3 400人。

3 发展新产业

社会主义新农村建设，必须以“生产发展”为基础。没有“生产发展”，新农村建设只能是一句“空话”。要使农村生产发展，就必须大力发展新产业、发展新经济。

江西各地在社会主义新农村建设中，大力发展新产业，并力求做到“五化”：

（1）产业特色化。各地根据具体实际，大力发展各具特色的主导产业，努力形成“一乡一品，一村一业”。江西赣南的主导产业是脐橙业，全市以“绿色脐橙业”为龙头，带动整个社会经济的发展；南丰县以“南丰蜜桔”为主导产业，带动全县经济大发展；奉新县以“无公害大米”为特色产业，大力发展多层次、多品种的大米加工业，取得了经济社会的全面发展；吉安县的横江葡萄产业、肉牛产业、肉鸡产业和苗木花卉业等特色产业有了较大发展，壮大了集体经济。

（2）基地规模化。基地规模化既是数量的要求，也是质量的要求，更是效益的要求。江西各地努力把“特色产业”做大、做强、做优。吉安县的横江葡萄、肉牛、肉鸡等特色产业基地的规模比前几年扩大数倍，产品远销多个国家或地区，且发展势头“强劲”。

(3) 生产标准化。按照国家或国际标准，江西各地在社会主义新农村建设中，大力发展和组织无公害食品、绿色食品和有机食品的生产、加工、包装、贮藏和运输，“生产标准化”延伸到各地各种特色产业中。

(4) 经营产业化。培育龙头企业，并按产业化模式进行生产和经营，可极大地提高产业的经济和社会效益，促进产业可持续发展。如江西吉安县集中力量扶持温氏畜禽、金安林产、正邦饲料、吉安粮油、佳利米业等龙头企业，推动企业上规模、上档次、上“质量”、上“效益”。

(5) 投入科技化。发展新产业，不仅要重视增加物质投入，更要注重增加“科技投入”，要将最新科技成果应用到新产业的发展中去。江西在发展新产业中，将信息技术、生物工程技术、计算机控制技术应用到大棚蔬菜、温室栽培、农产品加工和优良品种繁育等各个方面，取得了增产、增收、增效的显著效果。

4 增加新岗位

江西作为我国中部地区的一个重要农业省份，农村劳动力比例相对较高，随着社会经济的不断发展，剩余劳动力数量将会有增无减，农村就业形势将越来越严峻。

进行社会主义新农村建设，就是要促进农村经济和社会的全面发展，就必须千方百计增加新的就业岗位，千方百计转移农村剩余劳动力。江西在社会主义新农村建设中，采取了以下具体措施，增加了一定数量的新就业岗位，使农村就业形势有所好转。

(1) “内部”消化。一是改造传统产业，“就地”转移消化。即充分挖掘农村现有产业就业岗位的潜力，增加就业岗位。二是发展新产业，“增设”新岗位。如在农村发展新型农产品加工业和进行“生态农业示范园”建设，这些都有效增加了就业岗位，使农民有“事情”做，有“工资”拿。

(2)“向外”转移。吉安县加大农村劳动力培训和转移，以培养新型产业农民为目标，大力实施以务工职业技能、农村实用技术培训为主要内容的“阳光工程”，整合各种培训资源，有针对性地举办相关技术培训，每年培训农民工数万人。培训后的农民可以直接进入沿海发达城市“打工”。

5 建设新村庄

建设新村庄，实现“村容整洁”，这是社会主义新农村建设的重要内容之一。江西在建设新村庄中，主要抓了以下几方面的问题：

(1) 环境清理。对现有农村村庄的环境进行全面清理和整治，清垃圾、清污泥、清路障，清理废旧物品，该烧的烧掉，该埋的埋掉，该运掉的运掉。

(2) 旧房拆迁。对“老”村庄的“老”房屋，进行清查、“摸底”和分类：①保留型。具有保留价值的“老”房子，则坚决予以保留；②拆除型。已经是旧房、破房、危房和“空心房”，则应立即拆除；③修缮型。有些房屋，看起来是“旧”一点、“破”一点，但还能居住，具有继续使用的价值，可以花点钱修缮一下，经济上也还是合算的。

(3) 新村规划。搞新村建设，必须首先搞好规划，要以高标准的村庄规划为基础。这样建设起来的新村庄才真正“新”，才真正符合社会主义新农村建设的要求。

(4) 综合配套。新村庄建设，实际上是一个复杂的系统工程，必须将水、电、路、气（沼气）等相互配套起来，真正形成整洁、舒适、生态、文明的人居环境。

(5) 开展试点和示范。江西吉安县通过新村庄建设的试点和示范，已重点建设 5 个县级示范点、20 个乡镇示范点和 100 个自然村的新村庄示范。

6 优化新环境

过去，江西许多村庄没有集中供水，没有排水沟渠和污水处理，雨天出行难，晴天是“车拉人”，雨天是“人拉车”；村庄没有任何消防设施，一旦出现“火灾”等灾情，后果不堪设想；垃圾是随处丢放，不仅对环境造成污染，更严重的是影响农民身体健康。这样一种人居环境不符合现代文明的要求，更不符合建设“小康社会”和构建社会主义“和谐社会”的要求。如今，建设社会主义新农村，江西各地农村面貌“焕然一新”，房屋成排、树木成行，道路变“硬”了、变“直”了，地面变“绿”了、变“净”了，水变“清”了，环境变“优美”了。

7 推广新技术

开展社会主义新农村建设以来，大力促进了生物技术、信息技术、科学种田技术（农作物高产高效技术、省工节本的保护性耕作技术）、农业可持续发展技术（清洁生产技术、生态减灾技术）等现代农业与农村高新“适用”技术的推广和应用，提高了科技成果的转化率、应用率和普及率，对建设21世纪新型高效现代农业、促进江西农业现代化具有十分重要的推动作用。

8 建立新机制

江西各地在社会主义新农村建设中，建立了一套较为完善的新机制，确保了社会主义新农村建设的顺利进行和取得实效。一是强化领导机制，各级成立了分别由县、乡、村主要领导担任组长、副组长的领导小组，加强了社会主义新农村建设的领导；二是完善管理机制，通过制定乡规民约、建立健全各种规章制度和采取奖惩措施等加强新农村建设“过程”管理；三是建立“自我约束”的长效机制，如成立村镇规划管理所、农村公共事务服务所、新农村建设理事会等，加强村民的自我管理、自我约束；四是建立督查考核机制，等等。

9 产生新效益

（1）人民生活水平显著提高。通过社会主义新农村建设，全省农民得到了实惠，收入增加了，生活水平提高了，生活质量改善了，广大群众的精神面貌也发生了深刻变化。

（2）促进农村经济快速发展。随着农民生活观念的转变和农村交通、水、电、住房及环境的改善，农村消费潜力逐步得到释放，新农村建设拉动了内需、刺激了农村消费，对促进农村经济快速发展起到了积极的推动作用。

10 培育新风尚，创造新风貌

首先，开展社会主义新农村建设，群众的精神面貌发生了深刻变化。依靠农民，以农民为主体来安排新农村建设工作，就要把重点放在对农民积极性和创造性的调动上。开展新农村建设最显著的特点之一，就是非常注重发挥农民的主体作用。保证充分尊重农民意愿的方法是成立“农民理事会”——这是江西吉安县探索出的一条新路子、新途径，就是由村民自主推选有威望、有能力、公道正派的农村老党员、老干部、老模范和青年积极分子组成“农民理事会”，通过理事会制定村规民约，实现村民的自主管理、自主实施、自我教育、自主服务、自我监督。涉及全村“用钱”或“规划方案”等关系村民切身利益的事情，都是让农民理事会召集农民商量，作出公正的和村民都能接受的决定，尤其是扶助资金、项目资金和财政资金如何使用都是理事会说了算。所有规划，都经过群众讨论，真正实现了“管理民主”。这样，不仅极大地调动了农民的积极性，而且使农民热心“参政、议政”，农民的素质和精神面貌都有较大改观，农村精神文明程度明显提升。

其次，党群、干群关系更加密切。新农村建设为基层干部服务农民找到了切入点，也为塑造干部新形象找到了结合点。新农村建设触动的不仅仅是农民群众，广大基层干部也从中重新找到了工作的着力点。党群干群、干群关系更进一步密切了。

江西社会主义新农村建设的进展与成效*

摘　要：江西省自开展社会主义新农村建设以来，取得了六方面的进展与成效：①创建了社会主义新农村建设的两大模式——“赣南模式”和“吉安模式”；②培训了新农民，大幅度提升了广大农民的科技文化素质；③发展了各具特色的新产业；④增加了就业岗位，有效地解决了农村剩余劳动力的转移问题；⑤建设了一批整洁、舒适、生态、文明的新村庄；⑥取得了显著的经济效益、生态效益和社会效益，促进了农村经济和社会的全面发展和进步。

关键词：社会主义新农村建设；进展；成效；江西

自党的十六届五中全会提出建设社会主义新农村的重大历史任务，江西省各级领导和部门同全国各地一样，积极投身到这一伟大事业中去。经过近一、二年全省上下的共同努力和积极工作，已取得了明显进展和成效。

1　创建新模式

江西各地领导和群众在建设社会主义新农村的伟大事业中，

* 本文原载《科技创新促进跨越发展——2006 年促进中部崛起专家论坛文集》（中国科学技术协会、中国工程院、河南省人民政府编），中国科学技术出版社，第 133～137 页。

勇于探索和实践，在认真“吃透”中央文件精神的基础上，结合各地具体实际，创造性地开展新农村建设的各项工作，先后创立了社会主义新农村建设的两大典型模式——“赣南模式”和“吉安模式”。

1.1 赣南模式

其核心内容是“五新一好”。赣南是南方典型的丘陵山区，赣南在进行山区社会主义新农村建设进程中，创造性地提出了“发展新产业、形成新机制、建设新村镇、树立新风尚、培育新农民和创建好班子”的以“五新一好”为核心内容的“赣南模式”，目前，这一模式已在全国尤其是南方丘陵山区广泛推广。

1.2 吉安模式

吉安市位于江西省中西部，赣江中游。气候温和，日照充足，雨量充沛，属亚热带季风湿润性气候。该市在建设社会主义新农村的伟大实践中，总结出以“五通一气”和“三清三改”为主要内容的“吉安模式”。“五通一气”，就是通路、通水、通电、通电话、通有线电视和发展沼气；“三清三改”，就是清垃圾、清污沟、清路障，改水、改厕、改路。

同时，吉安市在社会主义新农村建设中，还突出“十个一”、强调“十个不”。突出“十个一”，就是在新农村示范点建设标准中，做到一个科学合理的村庄建设总体规划，一个为民办事的自治管理组织，一套行之有效的管理制度，一块内容丰富的宣传阵地，一处健康文明的文化活动场所，一套较为完备的村庄基础设施，一个文明整洁的村容村貌，一片风景优美的绿化林，一批标准较高的文明示范户，一项带动力强的致富产业和一批致富能人。强调“十个不”，就是在进行社会主义新农村建设过程中，不搞形式主义，不强迫命令，不推山，不砍树，不填塘，不种洋草皮，不搞洋树种，不修环村路，不建篮球场，不粉青砖墙。这些做法，既尊重农民意愿，又维护农民利益，深受当地广大农民的欢迎。

2 培训新农民

农民是社会主义新农村建设的主体，农民素质的高低在一定程度上决定了社会主义新农村建设的成败和成效。目前，我国广大农村农民素质总体还是比较低的。据《光明日报》2006 年 6 月 15 日第 8 版报道，我国现有 8 亿多农民平均受教育不足 7 年，4.9 亿农村劳动力中，高中及以上文化程度只占 13%，初中占 49%，小学及以下占 38%。江西是我国中部地区经济欠发达的农业省份之一，农民素质较全国平均水平仍有一定差距。从这一意义上来说，江西在社会主义新农村建设中，培训新农民，大幅度提升广大农民的素质就显得更为需要和迫切。

根据作者调查，江西在近一、二年的社会主义新农村建设中，对农民的培训还是抓得很紧的，且已取得了一定的成效。

2.1 培训形式

江西各地在社会主义新农村建设中，已经采取了多样多种的形式对农民进行培训。如：举办农民培训班，开办农民夜校，开设农民广播学校，在县电视节目中设立“农民电视节目专题讲座”，还有利用农村村庄房屋墙壁开办“宣传栏”，介绍党的方针、政策和农业科普实用知识，有的县利用“县报”开辟“新农村建设与农民新知识培训”专栏，等等。可以说，形式多样，不拘一格。

2.2 培训内容

江西广大农村培训农民的内容无外乎以下几个方面：①方针政策方面，着重培训党的路线、方针、政策，让全省各地农民了解国家有关新农村建设方面的最新政策；②思想道德方面，重点对已制定的乡规民约进行培训，让每个老百姓既守法，又懂“规矩”，不做损人利己或损人害己的“不道德”的事情；③科技知识方面，把与新农村建设有关的最新科学知识传授给农民，提高农民的科技文化水平；④实用技术方面，重点把能使农民致富、对促进新农村建设有“直接作用”的实用技术“交给”农民，如科学种植技术、科学养殖技术、农产品加工技术、服装缝纫技术、家用电器维修技术，等等。

2.3 培训成效

通过培训，农民素质明显提高，农民致富本领显著增强，农村物质文明、政治文明、精神文明、生态文明均上了一个新台阶，大大促进了全省社会主义新农村建设的向前发展。江西省吉安县近几年共举办各类农民培训班 1 088 期，其中培训沼气技工 600 人，防疫技术人员 820 人，种养业人员 2 283 人，培训贫困户劳动力 13 000 人次，通过培训推荐就业人员 3 400人。

3 发展新产业

社会主义新农村建设，必须以“生产发展”为基础。没有“生产发展”，新农村建设只能是一句“空话”。要使农村生产发展，就必须大力发展新产业、发展新经济。

江西各地在社会主义新农村建设中，大力发展新产业，并力求做到“五化”：

3.1 产业特色化

各地根据具体实际，大力发展各具特色的主导产业，努力形成“一乡一品，一村一业”。江西赣南的主导产业是脐橙业，全市以“绿色脐橙业”为龙头，带动整个社会经济的发展；南丰县以“南丰蜜桔”为主导产业，带动全县经济大发展；奉新县以“无公害大米”为特色产业，大力发展多层次、多品种的大米加工业，取得了经济社会的全面发展；吉安县的横江葡萄产业、肉牛产业、肉鸡产业和苗木花卉业等特色产业有了较大发展，壮大了集体经济。

3.2 基地规模化

基地规模化既是数量的要求，也是质量的要求，更是效益的要求。江西各地努力把“特色产业”做大、做强、做优。吉安县的横江葡萄、肉牛、肉鸡等特色产业基地的规模比前几年扩大数倍，产品远销多个国家或地区，且发展势头“强劲”。

3.3 生产标准化

按照国家或国际标准，江西各地在社会主义新农村建设中，大力发展和组织无公害食品、绿色食品和有机食品的生产、加工、包装、贮藏和运输，“生产标准化”延伸到各地各种特色产业中。

3.4 经营产业化

培育龙头企业，并按产业化模式进行生产和经营，可极大地提高产业的经济和社会效益，促进产业可持续发展。如江西吉安县集中力量扶持温氏畜禽、金安林产、正邦饲料、吉安粮油、佳利米业等龙头企业，推动企业上规模、上档次、上“质量”、上“效益”。

3.5 投入科技化

发展新产业，不仅要重视增加物质投入，更要注重增加“科技投入”，要将最新科技成果应用到新产业的发展中去。江西在发展新产业中，将信息技术、生物工程技术、计算机控制技术应用到大棚蔬菜、温室栽培、农产品加工和优良品种繁育等各个方面，取得了增产、增收、增效的显著效果。

4 增加新岗位

据研究，目前我国农村劳动力 4.9 亿，现有耕地只能容纳 1 亿左右劳动力，乡镇企业可以安排 1.33 亿，到城市打工 9 900 万，还有 1.5 亿富余劳动力需要转移。农村耕地逐年减少，全国约有 3 400 多万农民失去土地或减少耕地。2000—2030 年，我国计划占用耕地将超过 363.33 万公顷，意味着 1 亿多农村劳动力需要转移。可见，我国目前及今后相当长的一段时期内，新增就业岗位、缓解农村就业压力的任务十分艰巨。

同样，江西作为我国中部地区的一个重要农业省份，农村劳动力比例相对较高，随着社会经济的不断发展，剩余劳动力数量将会有增无减，农村就业形势将越来越严峻。

进行社会主义新农村建设，就是要促进农村经济和社会的全面发展，就必须千方百计增加新的就业岗位，千方百计转移农村剩余劳动力。江西在社会主义新农村建设中，采取了以下具体措施，增加了一定数量的新就业岗位，使农村就业形势有所好转。

4.1　加强培训，“向外”转移

吉安县加大农村劳动力培训和转移，以培养新型产业农民为目标，大力实施以务工职业技能、农村实用技术培训为主要内容的“阳光工程”，整合各种培训资源，有针对性地举办相关技术培训，每年培训农民工数万人。培训后的农民可以直接进入沿海发达城市“打工”。

4.2　增加岗位，“内部”消化

一是改造传统产业，“就地”转移消化。即充分挖掘农村现有产业就业岗位的潜力，增加就业岗位。二是发展新产业，“增设”新岗位。如在农村发展新型农产品加工业和进行“生态农业示范园”建设，这些都有效增加了就业岗位，使农民有“事情”做，有“工资”拿。

5　建设新村庄

建设新村庄，实现“村容整洁”，这是社会主义新农村建设的重要内容之一。江西在建设新村庄中，主要抓了以下几方面的问题：

5.1　环境清理

对现有农村村庄的环境进行全面清理和整治，清垃圾、清污泥、清路障，清理废旧物品，该烧的烧掉，该埋的埋掉，该运掉的运掉。

5.2 旧房拆迁

对“老”村庄的“老”房屋，进行清查、“摸底”和分类：①保留型。具有保留价值的“老”房子，则坚决予以保留；②拆除型。已经是旧房、破房、危房和“空心房”，则应立即拆除；③修缮型。有些房屋，看起来是“旧”一点、“破”一点，但还能居住，具有继续使用的价值，可以花点钱修缮一下，经济上也还是合算的。

5.3 新村规划

搞新村建设，必须首先搞好规划，要以高标准的村庄规划为基础。这样建设起来的新村庄才真正“新”，才真正符合社会主义新农村建设的要求。

5.4 综合配套

新村庄建设，实际上是一个复杂的系统工程，必须将水、电、路、气（沼气）等相互配套起来，真正形成整洁、舒适、生态、文明的人居环境。

5.5 开展试点和示范

江西吉安县通过新村庄建设的试点和示范，已重点建设5个县级示范点、20个乡镇示范点和100个自然村的新村庄示范。

6 取得新效益

江西在推进社会主义新农村建设进程中，已经取得了以下几方面的成效：

6.1 农村村容村貌明显改善

过去，江西许多村庄没有集中供水，没有排水沟渠和污水处理，雨天出行难，晴天是“车拉人”，雨天是“人拉车”；村庄没有任何消防设施，一旦出现“火灾”等灾情，后果不堪设想；垃圾是随处丢放，不仅对环境造成污染，更严重的是影响农民身体健康。这样一种人居环境不符合现代文明的要求，更不符合建设

“小康社会”和构建社会主义“和谐社会”的要求。如今，建设社会主义新农村，江西各地农村面貌“焕然一新”，房屋成排、树木成行，道路变“硬”了、变“直”了，地面变“绿”了、变“净”了，水变“清”了，环境变“优美”了。

6.2　人民生活水平显著提高

通过社会主义新农村建设，全省农民得到了实惠，收入增加了，生活水平提高了，生活质量改善了，广大群众的精神面貌也发生了深刻变化。

6.3　党群干群关系更加密切

新农村建设为基层干部服务农民找到了切入点，也为塑造干部新形象找到了结合点。新农村建设触动的不仅仅是农民群众，广大基层干部也从中重新找到了工作的着力点。党群关系、干群关系更进一步密切了。

6.4　农村精神文明上新台阶

开展社会主义新农村建设，群众的精神面貌发生了深刻变化。依靠农民，以农民为主体来安排新农村建设工作，就要把重点放在对农民积极性和创造性的调动上。开展新农村建设最显著的特点之一，就是非常注重发挥农民的主体作用。保证充分尊重农民意愿的方法是成立“农民理事会”——这是江西吉安县探索出的一条新路子、新途径，就是由村民自主推选有威望、有能力、公道正派的农村老党员、老干部、老模范和青年积极分子组成“农民理事会”，通过理事会制定村规民约，实现村民的自主管理、自主实施、自我教育、自主服务、自我监督。涉及全村“用钱”或“规划方案”等关系村民切身利益的事情，都是让农民理事会召集农民商量，做出公正的和村民都能接受的决定，尤其是扶助资金、项目资金和财政资金如何使用都是理事会说了算。所有规划，都经过群众讨论，真正实现了“管理民主”。这样，不仅极大地调动了农民的积极性，而且使农民热心“参政、议政”，农民的素质和精神面貌都有较大改观，农村精神文明程度明显提升。

6.5 促进农村经济快速发展

随着农民生活观念的转变和农村交通、水、电、住房及环境的改善，农村消费潜力逐步得到释放，新农村建设拉动了内需、刺激了农村消费，对促进农村经济快速发展起到了积极的推动作用。

参考文献：

[1] 卢良恕．现代农业发展与社会主义新农村建设．2006年中国农学会学术年会论文集：循环农业与新农村建设．中国农学通报，2006，22（专集）：1～3

[2] 黄国勤．江西社会主义新农村建设探讨．2006年中国农学会学术年会论文集：循环农业与新农村建设．中国农学通报，2006，22（专集）：150～154

[3] 高步文．信息化是新农村建设的突破口．光明日报，2006-06-26（第8版）

[4] 王伟光．正确处理人民内部矛盾　构建社会主义和谐社会．中共党史研究，2006，（3）：3～13

[5] 黄国勤著．江西农业．北京：新华出版社，2000

[6] 蒋海燕，黄国勤．江西“三农”问题及其对策．江西农业大学学报（社会科学版），2005，4（4）：26～29

发挥专业优势　服务江西“三农”*

“三农”问题，是当前和今后一段时期我国、江西省亟待解决的重大战略问题。全面解决“三农”问题，对于加速我国现代化建设、全面建设小康社会、促进社会经济的协调和可持续发展具有重大意义。

近五年来，在省委、省政府的正确领导下，在学校党政的直接领导和大力支持下，我在完成本职教学、科研等各项工作的同时，结合自己所从事的专业（农学专业和生态学专业）的特点和优势，积极参与全省有关的活动，着力为服务江西“三农”尽自己的微薄之力。

1　科研选题

在科研选题方面，紧密结合江西实际，做到“立足江西，服务‘三农’”。近五年来，我先后承担了20余项国家级、省级科研课题，大多数课题都是结合江西实际、为解决江西“三农”问题而提出来的。如“九五”国家重点科技项目（攻关）计划96－920－21－04专题“赣南可持续农业关键技术研究”，就是根据江西赣州地区（现为赣州市）既面临诸多生态环境问题，同时又有良好的生态农业基础，且创立了“猪—沼—果”生态农业模式（简称“南方模式”）。研究并进一步开发出新的可持续农业关键技术，对于该促进赣南农业及经济高效、持续发展具有重要意

* 本文系作者参加江西农业大学关于“发挥专业优势，服务江西‘三农’”的座谈会的发言提纲，于2004年12月10日完成。

义。该课题经过 3 年（1998—2000 年）研究，取得了预期效果，创造出显著的经济效益、生态效益和社会效益，于 2001 年获赣州市科技进步二等奖。

此外，先后完成（含正在完成）的科研项目有：国家科技部重大科技专项“粮食丰产科技工程”子课题“长江中下游江西省双季稻保护性耕作技术集成示范”（编号：2004BA520A14－C14），中国科学院创新项目（KZCX3－SW－417）子课题“南昌市郊区菜园土壤退化防治技术研究”，江西省主要学科跨世纪学术和技术带头人培养计划项目“江西农业生态系统持续发展模式及机理研究”（赣科发计字［1998］45 号），江西省科技厅资助项目“江西生态农业及生物技术调查与研究”、“修河流域防灾减灾与生态环境保护的综合方案研究”，以及江西省高校人文社会科学研究项目“江西农业灾害基本规律研究”、“江西生态安全研究”，等等。

2 成果推广

科研课题完成后，取得了有关科研成果，均首先在江西有关市、县、乡（镇）、村推广，从而直接为江西的农业增产、农民增收和农村生态环境改善服务。如我们于 2003 年 8 月 24 日通过专家鉴定，并被认为达到国内领先水平的科研成果“江西农业生态系统持续发展模式及机理研究”，先后在江西贵溪、万年、余干、余江、进贤、新建、萍乡等地推广稻田、旱地高效种植模式和避洪农业技术，通过调整农业结构、推广优良品种、生态防治病虫害等，为当地粮食增产、农民增收、地力增肥、经济增效取得了显著成效，深受当地干部、群众欢迎。

3 科普工作

几年来，我先后应邀到南昌、景德镇、新干、贵溪、金溪、德兴、抚州等地，为省、市、县有关领导和部门作学术报告 20

多场（次），内容涉及生态经济、生态安全、生态农业、农业结构调整、耕作制度改革、农民增收、现代农业、农业现代化、农业可持续发展等多方面，为提高干部、群众的科技文化素质，增长现代农业知识起到了积极作用。我本人也因此受到有关方面的好评。

4 决策咨询

积极参加省有关部门组织的活动，为省领导决策提供参考和咨询。我先后被有关部门聘为江西省可持续农业示范点工作领导小组专家组副组长、国家级生态农业试点县建设省级专家组成员、江西现代农业生态示范村项目专家组组长，参与了全省生态农业示范县、可持续农业示范点、生态示范村等项目的立项、评估和验收工作，为促进全省生态农业的发展、生态环境的改善和农村经济的可持续发展尽了自己的努力。

目前，我仍担任了江西省科协第五届委员会委员，江西省减灾委员会专家组成员，通过广泛调查研究，为省领导和有关部门决策积极建言献策，真正把自己所学的知识服务于领导“决策”、服务于江西“三农”。

5 学会工作

目前，我担任了江西省生态经济学会副理事长兼秘书长、江西省耕作制度研究会理事长等职。在开展学会工作中，我们始终立足江西实际，为江西“三农”服务。如今年 10 月份召开的江西省生态经济学会 2004 年学术年会，我们就是根据省委、省政府提出的“既要金山银山，更要绿水青山”以及加快工业化、城市化、城镇化发展战略的指示和要求，确定了以“科学发展观与生态江西”为主题的学术研讨会，会议围绕江西的经济发展和生态保护问题，展开了热烈讨论，提出的诸多观点具有针对性和创新性，不仅为从根本上解决江西的“三农”问题提出了新途径、新措施，还使与会者开阔了眼界、拓展了思路。会议拟将公开出版《生态经济与生态江西》论文集，这对解决江西“三农”问题具有积极意义。

6 人才培养

加速人才培养，为解决江西“三农”问题输送合格人才。

(1) 大学本科人才的培养。首先，在大学本科生培养中，开设有关江西“三农”问题方面的课程，如《江西农业概论》、《江西学》、《江西农业历史》，等等；其次，在生产实习中，尽量结合江西实际，到基层去实习、去锻炼；最后，毕业分配，有相当部分大学生分到江西各地，直接或间接地为江西“三农”服务。

(2) 研究生层次的人才培养。目前，我已培养指导研究生17人，其中6人已获得硕士学位毕业。在研究生培养过程中，从课程学习，到硕士论文选题，我都要求研究生紧密结合江西实际，要求研究生了解江西、熟悉江西，并最终服务于江西，为江西农业发展、农民致富做出自己的贡献。

(3) 其他各类人才的培养。一是认真开设有关江西“三农”的课程，二是生产实习、毕业设计要求结合江西实际，三是毕业之后在江西工作，为江西的发展贡献力量。

7 其他工作

我在江西农业大学图书馆担任副馆长、馆长5年多了。图书馆作为一个学术性机构，承担着为教学、科研，为教师、学生提供优质信息服务和提供信息保障的任务。为此，我们在购书、买资料、买光盘等方面，一是尽力为读者服务，为江西“三农”服务，提供快速、优质的信息服务；二是在力所能及的范围内，捐赠部分图书到贫困地区去；三是参加科技下乡，送知识下乡，并搞好科普宣传和科普教育。

新农村建设中农村人力资源开发与农民增收的实证分析

——以江西省为例*

摘　要：本文阐述了社会主义新农村建设背景下，农村人力资源开发的必要性，并分析了农村人力资源开发与农民增收的理论机制。该文以江西省为例，在分析1996—2005年农村人力资源开发与农民收入的演变趋势及特征的基础上，运用回归分析的方法进行定量分析，结果表明，农村人力资源开发对从事于农与非农产业的农民的收入都有一定的影响。

关键词：新农村建设；农村人力资源开发；农民增收；回归分析；江西省

目前，“三农”问题已成为制约我国实现全面小康社会和整个国民经济良性循环的最大障碍之一。我国是一个农业大国，农民占人口的绝大多数，这是我国的基本国情。所以，“三农”问题的根本在于农民问题，而农民增收成为破解“三农”问题的核心。针对农民收入增长迟缓问题，理论界和实际工作者进行了广泛研究，概括起来有：农业产业结构、二元经济结构、农业财政投入、城镇化水平、农民负担等因素，这些因素分析都很有见

* 本文作者：欧一智、贺喜灿、黄国勤。全文于2007年7月28日完成。

地，提出的措施对农民增收也具有积极作用，但均是限于市场、政策及自然等外部物质条件和技术层面上的研究。

党的十六届三中全会提出新发展观，其核心思想是以人为本，由以前简单追求 GDP 的经济增长转变为追求 HDI（人类综合指数）的经济增长。接着，党的十六届五中全会又提出了建设社会主义新农村的宏伟目标，并强调要“培养有文化、懂技术、会经营的新型农民，提高农民的整体素质”。在这个背景下，从经济活动主体——农民自身角度出发，开发农村人力资源，特别是通过人力资本投资，提高农民素质，形成大量人力资本，对实现农民可持续增收将更为科学、可取。

1 农村人力资源开发与农民增收的关系分析

1.1 农村人力资源开发的必要性

当前，制约农民增收的瓶颈是资源短缺，人地关系高度紧张，在农业生产的三要素中，土地实际上是在减少而不可能增加的要素，增加的只是劳动力。这就明显地提出了农业生产的三要素中，应该把生产力要素中的决定因素——人从负担变为资源，改善人口质量，投资人力资本。农村人力资源开发的必要性主要体现在以下几个方面：

首先，农村人力资源开发能够转移剩余劳动力，缓解农村就业压力。由于农村人地矛盾严重，农村劳动力存量大大超过了可耕地承载的程度，大批的农村劳动力处于失业、半失业状态，因此只有将大量的农村剩余劳动力从土地上释放出来，才能根本上解决农民的增收问题。因此，随着经济和社会的发展，劳动力的市场化，实际上“真正影响农民劳动收入的是劳动力市场的调节作用，是农民可以更自由地选择就业的地点和部门，只要从事技能水平相同的工作就可以得到同等的收入”。根据国家劳动和社会保障部关于 2000 年中国农村劳动力就业及流动状况的研究表明，人力资本对劳动报酬的正相关影响越来越得到体现。农村转移劳动力的文化教育水平与农村转移劳动力的汇寄款额呈显著正相关。如果缺乏基本的教育和技术培训，缺乏信息和获得信息的能力，大多数农民就很难找到非农业就业机会，更谈不上找到适合个人发展的机会。因此，农村人力资源开发是农村劳动力转移的重要基本条件，也是农民增收的必要前提和基础。

其次，农村人力资源开发是增强农民依靠科技脱贫致富能力的必然要求。目前我国农业科技成果转化率低，农业仍然以粗放型增长方式为主，农户对科技成果的运用能力，缺乏相应的经验、知识和技能，这也造成了农产品市场竞争力低。要提高农户对科技成果的应用能力，归根结底还是农民教育的问题。农民受教育程度提高，农业增长方式才可能由粗放型向集约型转变，农民农业收入水平才可能提高。因此，通过农村人力资源开发，提高农民科技文化素质是农民增收的必然要求。

再者，农民人力资源开发是农民市场意识增强的必要途径。由于我国城乡二元结构的影响，农村劳动力转移表现为一种兼业型的转移方式，“离土不离乡”和“离土又离乡”的从业形式，即，农村非农行业和外出打工两个方面，农村非农又包括农村非农就业和农民自主创业两个方面，无论是农村非农就业、还是农民自主创业都要求农民有一定的教育水平，农民自主创业还要求农民有较强的市场预测能力、抗风险能力及创业能力。

农民外出打工一般是从农村走向城市，从经济不发达的区域流向经济发达区域，在市场的竞争环境下寻找就业信息及就业机会，最优化的配置自已的有限资源，通过生产劳动，使自己有限资源的收益达到最大。因此要求农民有较强的信息获取能力、配置能力、生产能力、适应能力、流动能力和竞争能力。

因此，面对市场风险需要农民较高的应对能力，而这些能力的获得也需要农民通过人力资源投资，从而获得提高。

1.2　农村人力资源开发对农民增收的影响机制分析

所谓人力资源，广义上的定义是指有工作能力和将会有工作能力的人。狭义的定义是，在一定的区域范围内可以被管理者运用产生经济效益和实现管理目标的体力、智力与心力等人力因素的总和及其形成基础，包括知识、技能、能力与品性素质等。经济学家们对人力资源与经济发展关系问题的研究经历了一个不断深化的过程。从单要素的经济增长模型，如哈罗德—多马模型到多要素增长模型，如索洛增长模型；从外生的经济增长模型，如传统新古典模型，到内生的经济增长，如当代的新经济增长理论；从注重要素投入到注重全要素生产率的增长。当然，决定经济增长的各种要素之间并不是互相独立的，而是相互联系和相互影响的。尤其是人力资本同生产率因素之间的关系是密不可分的，因为无论是管理效率还是社会经济体制，都是由人所决定的，人所受的教育水平、素质水平、组织规则等都起着重要的作用。由此可见，人力资本对经济增长和社会福利的重要作用。

同样的，农村人力资源对农村经济的发展起着重要的作用。所谓的“农村人力资源”，是指农村范围内人口总体所具有的体力和脑力的总和，它包含数量和质量两个方面。农村人力资源数量，是指农村范围内构成劳动力的那部分人口的数量；农村人力资源质量，是指农村人力资源所具有的体质、智力、知识、技能水平，一般体现在农村劳动人口的体质水平和文化水平上。而所谓的“农村人力资源开发”，就是包括农业专业专门教育、农民素质教育、农村从业人员继续教育在内的教育、培训和智力开发（简称农业、农村、农民“三农”教育），以及农村从业人员的生命和健康保障。通过农村人力资源开发，提高农村人力资源的思想道德素质、科技文化素质和身体健康素质以及民主意识、自强意识等，保障农村人力资源的身心健康和正常生活，从而促进农民的增收。

总之，人力资源开发的过程就是通过对人力资本的投资，将人力资本投资转化为劳动者素质，而劳动者素质是人力资本的表现形式。对劳动者进行人力资本投资，劳动者的人力资本水平提高，则劳动者的素质也相应提高，而劳动者素质则直接决定着农民的收入水平。因此，人力资本通过劳动者素质这座桥梁而与劳动者收入联系起来。因此人力资本影响农民收入增长机制如图1示。

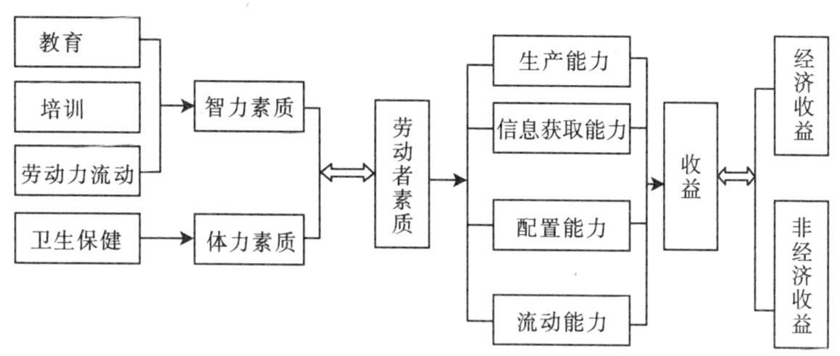

图1　人力资本影响农民收入增长机制

（资料来源：陆慧．人力资本与农民收入增长．南京农业大学博士学位论文，2004）

2 农村人力资源开发与农民增收的实证分析——以江西为例

分析江西农村人力资源开发及农民收入演变趋势与特征的基础上，运用回归分析模型，从人力资源的数量、质量、配置及影响农民收入的其他因素等方面建立相应的经济模型分析，江西省农村人力资源与农民增收的关系。

2.1 江西农村人力资源与农民收入现状

（1）江西省农村人力资源“量”的概况。人口资源是人力资源的基础，江西省农村人力资源总量相对丰富。根据《江西统计年鉴》，截止到2005年，江西省农村人口为3 298.47万人，其中劳动力1 638.75万人，占49.68%。从人口增长情况看，1996—2005年十年内，江西农村人口总数和占总人口比重呈现出逐渐下降的趋势，但是农村人口占总人口的比例还是偏大，到2005年占总人比重仍为62.90%。从劳动力的绝对和相对数来看，两者都呈现出逐年上升的趋势。农村人口增长与劳动力资源增长情况见表1。

表1 1996—2005年江西农村人口增长及劳动力情况

年份＼项目	总人口/人	农村人口/人	农村劳动力/人	农业劳动力/人	农村人口占总人口比例/%	农业劳动力占总劳动力比例/%
1996	41 054 635	30 961 764	15 465 561	11 046 590	75.42	71.43
1997	41 503 338	30 995 523	15 504 999	10 893 714	74.68	70.26
1998	41 912 074	30 993 140	15 414 706	10 737 077	73.95	69.65
1999	42 311 742	30 978 119	15 458 164	106 023 00	73.21	68.59
2000	41 485 447	29 998 127	15 471 453	9 833 682	72.31	63.56
2001	41 857 676	29 128 757	15 521 775	9 773 653	69.59	62.97
2002	42 224 273	28 628 057	15 773 810	9 835 256	67.80	62.35
2003	42 542 255	28 069 380	15 883 613	9 712 568	65.98	61.15
2004	42 835 667	27 594 737	16 053 806	9 609 721	64.42	59.86
2005	43 112 439	27 117 724	16 387 458	9 510 305	62.90	58.03

资料来源：根据1996—2006年《江西统计年鉴》整理。

(2) 江西省农村人力资源“质”的概况。人力资源素质指人力资源具有的体质、智力、知识和技能的总和。人力资源的素质形成受先天影响，但更多受后天教育的影响。一个区域人力资源素质的提高，对经济发展具有重要的影响。较高素质的人力资源能较快接受新技术，适应新的生产要求，加速转化为生产力，从而增加产出。从表2可以看出，江西农村住户劳动力文化程度构成中，文盲或半文盲、小学程度的比例逐年递减，初中、高中、中专和大专文化程度的比例逐年递增，但是增加的幅度都很小。从构成来看，小学、初中文化程度仍然占很大的比重，比例大于80%，而大专及以上程度的比重非常小。应用特定时点的受教育年数，计算公式如下：

$$ED=\sum_{i=1}^{6}p.h_i \qquad (1)$$

公式中，ED 表示劳动力受教育年限；hi 为第 i 学历水平的受教育年限，i=1，2，3，4，5，6 分别代表文盲或半文盲，小学、初中、高中、大专、本科以上 6 个受教育程度；p 表示某一学历水平人数比重。其中假定受教育年限文盲和半文盲为 2 年，小学为 6 年，初中为 9 年，中专为 12 年，高中为 12 年，大专生以上为 15.5 年。根据此公式（1）计算得江西省农村住户 1996—2005 年受教育年限分别为：7.33、7.40、7.53、7.63、7.77、7.82、7.84、7.91、7.91、8.04 年。可以看出，江西农村住户受教育年限逐年增加，这是由于我国加大了农村九年义务教育实施力度，但是受教育的年数不高，2005 年仅达到 8.04 年。可见，农村人力资源的较低，缺乏较高素质的劳动力。

表 2　江西省农村住户劳动力文化程度构成　　单位：%

项目 年份	文盲、半文盲	小学程度	初中程度	高中程度	中专程度	大专以上程度
1996	8.39	44.44	39.03	7.24	0.70	0.20
1997	7.75	43.56	40.59	7.23	0.72	0.15
1998	6.64	42.54	42.13	7.66	0.83	0.20
1999	5.62	41.62	43.85	7.63	1.02	0.26
2000	6.77	36.95	44.96	9.33	1.65	0.34
2001	5.86	36.66	46.92	8.91	1.30	0.35
2002	5.92	35.66	47.99	8.75	1.37	0.31
2003	5.51	34.76	48.88	9.00	1.44	0.40
2004	6.65	32.85	48.96	9.58	1.52	0.44
2005	5.94	31.30	50.30	9.52	2.21	0.73

资料来源：根据 1996—2006 年《江西统计年鉴》整理。

根据《江西统计年鉴 2006》中，2005 年按纯收入五等份（最低收入、低收入、中间收入、高收入、最高收入）分组的农村住户基本情况调查结果，可以看出，收入的高低与受教育年限有明显相关，即收入越高受教育的年限越高，五个等份受教育年限分别为：7.49、7.75、7.73 、7.80 、8.05 年。

（3）江西省农村人力资源配置现状及收入概况。农村人力资源的产业配置结构是反映地区经济社会发展水平的重要标志。由

表1知，从总体上，农村劳动力绝对数量逐年上升，1996年为15 465 561人，到2005年上升到16 387 458。从农村人力资源的配置结构来看，第一产业（农林牧渔）劳动力比重逐年下降，但是比重还是较大，2005年第一产业从业人员为9 510 305人，占乡（镇）从业人员总数的58.03%；第二、第三产（农村总劳动力扣除第一产业剩下的劳动力）的从业人员共6 877 153人，占从业人员总数的41.97%，与1996年相比，上升了13.4个百分点，但是与较发达地区相比，江西农村劳动力第二、第三产业的就业人员比重相对较小，见图2。经济发达国家的发展实践表明，随着经济增长、社会劳动生产率水平的提高，第一、第二产业劳动力占用比重将不断下降，而第三产业从业人员比重呈上升趋势。

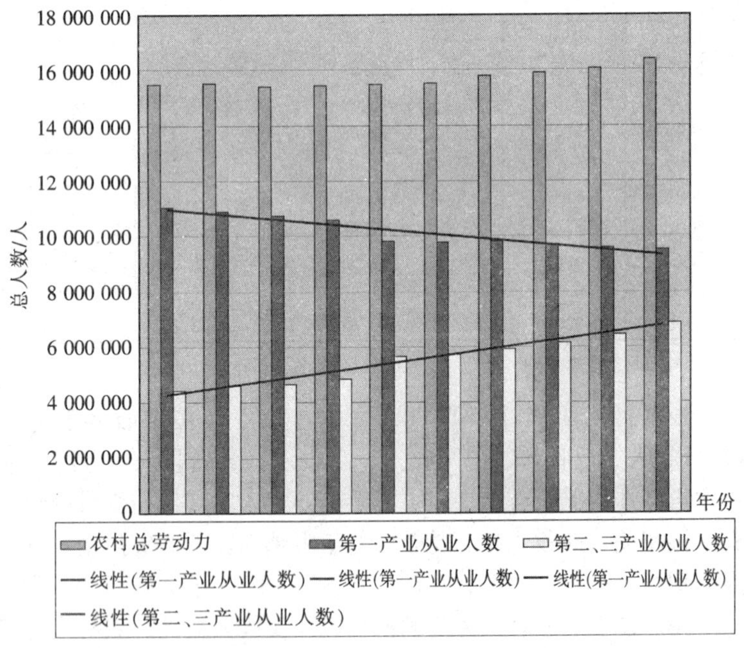

图2　农村劳动力产业配置及变化趋势

从收入来看，由于我国城乡二元结构的影响，农村劳动力转移表现为一种兼业型的转移方式，“离土不离乡”和“离土又离乡”的从业形式，这也使农村居民的总收入由农业收入和非农业收入共同构成。

根据江西统计资料，从表 3 可以看出，从 1996—2005 年，江西农村住户的年均纯收入呈现逐年上升的趋势。从纯收入的构成来看，工资性纯收入占总纯收入的比重逐年递增，2000 年占 34.86%，到 2005 年上升到 40.38%，增长了 5.52%，其中常住人口外出从业得到的占工资性收入的比重最大，原因是改革开放以来，中国乡镇企业发展迅速，吸纳了大量农村剩余劳动力，还有大部分的劳动力走出了农村，进城务工。具体来看，2000—2004 年常住人口外出从业得到的占工资性收入的比重均大于 70%，2005 年为 67.82%，这主要是由于国家取消农业税政策的出台，重新调动了农民的种地积极性，部分农民重新回到土地上。

表 3 1996—2005 年江西农村住户收入构成

年 份	1996 年	1997 年	1998 年	1999 年	2000 年
人均总纯收入	1 869.63	2 107.28	2 048.00	2 129.45	2 135.60
一、工资性纯收入	—	—	—	—	744.47
二、家庭经营纯收入	1 395.70	1 570.40	1 436.08	1 396.65	1 319.94
1. 第一产业	1249.11	1392.45	1247.56	1183.61	1092.16
2. 第二产业	32.58	44.82	49.51	57.99	68.69
3. 第三产业	114.01	133.13	139.01	155.06	159.10
三、财产性纯收入	11.24	16.22	18.46	19.25	18.80
四、转移性纯收入	53.46	58.95	88.02	98.57	52.09
年 份	2001 年	2002 年	2003 年	2004 年	2005 年
人均总纯收入	2 231.60	2 334.20	2 457.53	2 952.56	3 265.53
一、工资性纯收入	805.09	928.64	1 022.14	1 141.66	1 318.58
二、家庭经营纯收入	1 353.20	1 328.86	1 257.37	1 707.59	1 821.70
1. 第一产业	1 125.85	1 077.49	1 097.44	1 432.75	1 514.55

（续）

年　份	2001 年	2002 年	2003 年	2004 年	2005 年
2. 第二产业	69.06	72.60	83.27	100.37	114.15
3. 第三产业	158.29	178.77	176.66	174.48	193.00
三、财产性纯收入	21.33	20.80	28.93	28.68	36.49
四、转移性纯收入	51.98	55.90	49.09	74.63	88.76

资料来源：根据 1996—2006 年《江西统计年鉴》整理。“工资性纯收入”1996—1999 年统计年鉴未具体列出，用“—”表示。

从表 3 知，家庭经营收入中第一产业的纯收入占总纯收入的比例逐年下降，1996 年第一产业纯收入占家庭经营收入的 89.50 %，2003 为 80.85%，而 2005 年又上升到 83.13%，主要原因是农业税的取消，使部分农民种田积极性有所提高。总的来说，这也说明农村劳动力流动导致了农民收入的结构发生了很大变化，农民收入中农业收入的比重不断下降，而非农收入的比重却持续上升。总体趋势见图 3。

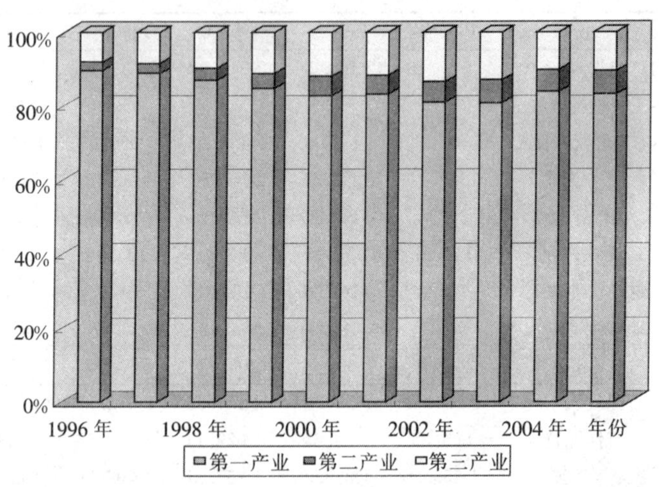

图 3　农村住户三产业纯收入占总纯收入比重

2.2　人力资源开发对农民增收影响的回归分析

在江西省农村人力资源及农民收入现状的定性分析的基础上，笔者从众多影响农民增收的因素中选择了4个作为变量，建立回归方程，定量地探讨农村人力资源对农民增收的影响。

(1) 计量模型设定。在一个区域的经济发展环境中，任何投入要素都不是孤立的，它们之间存在着普遍关联的、相互制约的、相互影响的数量关系。人力资源作为一种能动的、时效性强的资源，与整体经济的发展也存在着某种相关的关系。根据卢卡斯的内生经济增长理论和理论界对影响农民收入水平提高因素的分析，结合农村经济的具体情况，本文选择了 Cobb - Dauglass 生产函数模型：

$$Y=AK^{\alpha}L^{\beta}e^{u} \tag{2}$$

作为基本模型。式中，因变量 Y 代表产出；A 为全要素生产率，自变量 K 和 L 分别代表物质资本投入和劳动投入（劳动力数量）；α 和 β 分别表示资本与劳动的产出弹性；e 为随机项。

由于 Cobb - Dauglass 生产函数模型，假定劳动力是同质的，式中 L 仅代表劳动力的数量，没有考虑劳动力素质的差异，从前面的理论机制分析可知，在农业逐步现代化的今天，劳动者素质在生产与社会活动中发挥的作用越来越大，有时甚至起着决定性作用，因此，理论上在经济活动中应考虑劳动者素质的不同。为此，引入反应劳动力素质的变量 H。另外，根据研究的需要，又将资本投入分为土地（K）和货币（C）两部分，公式（2）经过线性转化为如下形式：

$$\ln(Y)=\ln(A)+\alpha\ln(K)+\beta\ln(L)+\nu\ln(C)+\gamma\ln(H)+\varepsilon \tag{3}$$

根据人力资源相关概念分析及数据的可获得性，本部分以劳动力的受教育年限来代表人力资本，公式中，H 表示农村劳动力平均受教育年限［计算方法如公式（1）］，用来作为反应劳动力人力资源存量的替代变量，γ 表示劳动力平均受教育年限的产出弹性，即人力资本的回归结果代表了农民的信息获取能力、配置能力、流动能力、生产能力对农民收入的影响程度。人均耕地面积（K）、农业生产经营投入（C）的系数 α 分别表示耕地和农业投入的产出弹性。L 仅代表劳动力的数量，本文用农业劳动力占农村劳动力的比重代替，系数 ν 表示农业劳动力对产出的弹性。因变量（Y）取农民年人均纯收入，为了说明人力资源对收入结构的影响，将纯收入分为农业收入部分（第一产业纯收入）和非农业收入部分（总纯收入减去农业收入部分）。

（2）数据选取。考虑到数据的可获得性，本文选取 1991—2005 年为研究区间，以江西省为研究对象，数据来源于《江西统计年鉴》、《中国农业统计年鉴》、《中国农村统计年鉴》。主要变量采用以下处理方式取得：受教育年限根据公式（1）计算获得；农业投资为统计年鉴农村住户总支出中用于农、林、牧、渔业的支出之和。纯收入分为农业收入部分（第一产业纯收入）和非农业收入部分（总纯收入减去农业收入部分）。具体数据见表 4。

表 4　人力资源开发对农民增收影响的回归分析变量

项目 年份	H（受教育年限/年）	L（农业劳动力比重/%）	K（人均耕地面积/公顷/人）	C（农业投资/元）	Y（农民人均纯收入/元）	
					纯总收入 Y1	非农业纯收入 Y2
1991	6.43	81.74	0.076 7	205.93	702.53	157.72
1992	6.50	79.52	0.076 7	241.12	768.41	196.22
1993	6.58	71.09	0.076 0	297.89	869.81	279.68
1994	6.73	71.98	0.075 3	474.68	1 218.19	383.70
1995	6.85	71.47	0.074 7	637.13	1 537.36	482.85
1996	7.33	71.43	0.074 7	662.61	1 869.63	620.52
1997	7.40	70.26	0.074 0	668.85	2 107.28	714.84
1998	7.53	69.65	0.073 3	557.95	2 048.32	800.76
1999	7.63	68.59	0.073 3	502.14	2 129.45	945.84

（续）

年份＼项目	H（受教育年限/年）	L（农业劳动力比重/%）	K（人均耕地面积/公顷/人）	C（农业投资/元）	Y（农民人均纯收入/元）	
					纯总收入 Y1	非农业纯收入 Y2
2000	7.77	63.56	0.075 3	452.78	2 135.6	1 043.44
2001	7.82	62.97	0.076 7	467.62	2 231.6	1 105.75
2002	7.84	62.35	0.074 7	494.11	2 334.2	1 256.71
2003	7.91	61.15	0.075 3	491.21	2 457.53	1 360.09
2004	7.91	59.86	0.075 3	686.20	2 952.56	1 519.81
2005	8.04	58.03	0.077 3	829.87	3 265.53	1 750.98

资料来源：根据《江西统计年鉴 1997—2006》相关项目数据整理。

（3）计量分析及结论解释。使用 DPSv7.05 数据处理系统对公式（2）进行回归，所得的结果具体如下：

表 5 相关系数、显著水平及 D.W. 值

模型#	相关系数 R	决定系数 R2	调整相关 R'	F	P—值	Durbin—Watson
1	0.998 426	0.996 854	0.997 795	792.132	0.000 1	2.465 9
2	0.998 789	0.997 579	0.998 304	1 030.264	0.000 1	2.699 6

#模型 1，2 分别表示以 Y1，Y2 为因变量，H，K，C，L 为自变量的回归方程。

由表 5 知，模型 1 的整体拟合效果显著，F 值达 792.132，在 1%的水平上显著，调整后的拟合度为 99.78%，说明农村住户纯收入的 99.78%可以由模型 1 解释，D.W.＝2.465 9，落在区间［du，4—du］中，说明模型不存在系列自相关。同理，模型 2 通过方差分析，F 值均在 1%的水平上显著，拟合度分别为 99.83%，说明模型能有效地解释因变量，符合研究目的，不需要调整模型。

计算结果发现 H 和 L 的膨胀系数 VIF 分别为 7.322、7.54 均大于 5，可认为两者可能存在多重共线性，考虑两个变量分别代表人力资源质和量两个方面，根据本文研究的目的，先将剔除变量 L 以消除共线性，重新建回归方程得到的结果如表 6。

表 6　两个模型估计参数及参数显著水平

项目	模型 1#				
	参数估计	t 值	F	R2	D. W.
常量	−3.593 9	−2.383 2*	1 057.729 2**	0.996 5	2.431 7
lnH	4.215 1	26.710 5**			
lnK	0.035 6	0.060 0			
lnC	0.445 5	13.101 1**			
项目	模型 2#				
	参数估计	t 值	F	R2	D. W.
常量	−8.273 5	−1.532 3*	199.665 2**	0.982 0	1.256 6
lnH	7.945 0	14.061 7**			
lnK	1.2995	0.6115			
lnC	0.376 7	3.093 9*			

#模型 1，2 分别表示以 Y1，Y2 为因变量，H，K C 为自变量的回归方程。

*，** 分别表示系数在 1%、5%水平下显著，未打 * 的系数则表示未通过统计检验。

根据表 6，得出下述结论：

模型 1，三个因素中教育程度系数对农民人均纯收入影响最大，系数估计值达到 4.215 1，即教育程度年限每增加一年，农民人均纯收入将增加 4.215 1 个百分点，也表明农民的信息获取能力、配置能力、流动能力、生产能力等对农民收入的影响越发重要。传统的影响农民收入增长的关键因素——土地，对农民收入的影响很小，系数估计值为 0.035 6，而且 t 检验值不显著，这主要的原因可能是选择研究的时间区间里，耕地已经呈现不下降的趋势，而且人均占有的耕地面积基数很小，所以对农民的纯收入影响很小。农业投资对农民收入影响次于受教育年限，系数估计值为 0.445 5，即人均农业投资每增加一元，农民收入增长为 0.445 5 个百分点。农业投入的影响比较大是由于近年来，农业科技成果转化有所提高，给农民、农业带来一定的效益，传统农业投资对资金的需求而言，投入数量较少，并没有对农业的生产环境、生产条件产生根本性的影响，而农业投入要产生更大的效益还是要建立在农民提高的基础上。因此，农民素质成了农民收入高低的关键。

模型 2，关于非农业收入部分，受教育程度年限是最关键的因素。受教育程度年限的系数估计值远大于农业投资对非农业收入的影响，系数估计值高达 7.945，这也与前面的分析相一致，农民从事非农行业，其信息捕获能力、配置能力、流动能力、生产能力是关键影响因素，直接决定着农民的就业机会与收入水平。由于非农业行业就业门槛的提高，农民的受教育水平成了农民能否就业顺利地由农业转向非农业的关键。人均占有耕地的系数为 1.299 5，但是没有通过显著性检验，说明其对农村住户非农业收入的影响不显著。农业投资系数为 0.376 7，说明该因素对非农业收入的影响也不大。对江西农村住户纯收入结构变化趋势来看，随着新农村建设进一步深入，非农业收入部分将逐步增大，因此，农民素质还将很大程度上影响农民收入的增加。

参考文献：

[1] 马晓河．农民增收成破解“三农”问题核心．21 世纪经济报道，2004－02－11

[2] 徐志刚．比较优势与中国农业生产结构调整．南京：南京农业大学博士学位论文，2001 年 5 月．113～116

[3] 韩俊．统筹城乡经济社会发展是解决“三农”问题的重大战略．青海经济研究，2004（2）：66

[4] 盛来运．农民收入增长问题研究．北京大学中国经济研究中心简报，2000（74）：12～15

[5] 李岳云，陈勇，孙林．城乡统筹及其评价方法．农业技术经济，2004（1）：24～30

[6] 钟甫宁．农民问题与农村人力资源开发．现代经济探讨，2003（9）：3～6

[7] 陆慧．人力资本与农民收入增长．南京：南京农业大学博士论文，

2004.33～34
[8] 江西省统计局．江西省统计年鉴．北京：中国统计出版社，1992～2006
[9] 于俊年．计量经济学．北京：对外经济贸易大学出版社，2000，6.203～204

图书在版编目（CIP）数据

论建设社会主义新农村/黄国勤著．—北京：中国农业出版社，2007.11

ISBN 978-7-109-12349-6

Ⅰ．论… Ⅱ．黄… Ⅲ．农村-社会主义建设-研究-中国 Ⅳ．F320.3

中国版本图书馆 CIP 数据核字（2007）第 163265 号

中国农业出版社出版

（北京市朝阳区农展馆北路 2 号）

（邮政编码 100026）

责任编辑 张 欣

中国农业出版社印刷厂印刷 新华书店北京发行所发行

2007 年 11 月第 1 版 2007 年 11 月北京第 1 次印刷

开本：850mm×1168mm 1/32 印张：8.125

字数：200 千字 印数：1～1 000 册

定价：23.00 元